STEPHAN
# ZINNER

*Prachtexemplar*

STEPHAN

# ZINNER

# Prachtexemplar

## Geschichten zwischen Bühne, Baumarkt und Familientisch

Illustriert von Florian Mitgutsch

HEYNE

MIX
Papier | Fördert gute Waldnutzung
FSC® C014496
FSC
www.fsc.org

Penguin Random House Verlagsgruppe FSC® N001967

2. Auflage
Originalausgabe 2024


Neumarkter Straße 28, 81673 München
Umschlaggestaltung: wilhelm typo grafisch
unter Verwendung eines Fotos von: Nils Schwarz Photography
Illustrationen: © Florian Mitgutsch
Satz: satz-bau Leingärtner, Nabburg
Druck und Bindung: GGP Media GmbH, Pößneck
Printed in Germany
ISBN: 978-3-453-21877-2

www.heyne.de

# INHALT

# TANZENDE VÄTER

Meine Töchter mögen es nicht, wenn ich tanze. Das verstehe ich nicht, denn ich bin ein sehr guter Tänzer. Ich lege sehr viel Seele und Begeisterung in meinen Tanz. Dadurch entspricht er vielleicht nicht dem gängigen Stil der Restbevölkerung, aber er ist auf alle Fälle einzigartig. Meine Bewegungen sind kraftvoll, eindringlich und ausdrucksstark. Meine Töchter sehen das anders. »Peinlich« oder »voll peinlich« sind die gängigen Bewertungen für mich. Ich bin aber nicht peinlich. Faul an der Seite der Tanzfläche mit der Bierflasche in der Hand stehen und beim Betrachten der sich bewegenden Masse zu seinem Nebenmann sagen: »Das könnte ich viel besser!« – das ist peinlich. Zu enge Hosen, blaues Businesshemd und weiße Turnschuhe tragen, das ist voll peinlich. Meine Frau konnte und kann ich mit meinem Tanzstil immer noch sehr beeindrucken. Und als meine Töchter klein waren, störte es sie überhaupt nicht, wenn ihr Vater einmal das Tanzbein schwang. Ich kann mich noch sehr gut an Grundschul-Sommerfeste erinnern, bei denen meine Frau und ich dermaßen gerockt haben, dass wir zügig die Tanzfläche für uns alleine hatten. Die Kinder waren begeistert, weil wir nicht so waren wie die »Anderen«. Jetzt sind ihnen die »Anderen« viel lieber, zumindest bei öffentlichen Anlässen.

Meine Liebe zum Tanz habe ich schon früh, bei sogenannten Diskopartys, auf dem oberbayrischen Land entdeckt. Ich konnte sie aber nicht voll ausleben, weil tanzende männliche Teenager, zu der Zeit, als das Peinlichste überhaupt angesehen wurden. Oft tanzte ich heimlich zu Hause in meinem Zimmer zu Swing-Klassikern oder 80er-Jahre-

Popmusik. Das hätte ich zwar niemals offen zugegeben, weil ich dann mit hundertprozentiger Sicherheit als »schwul« gegolten hätte. Aber zu Hause, alleine, im Schutze der Dunkelheit, konnte ich die Hüften kreisen lassen. Mein großes Coming-out als Tänzer hatte ich dann in der Inszenierung von Curt Goetz' »Das Haus in Montevideo«. Mir wurde in der Trostberger Realschul-Theatertruppe die Rolle des Pastor Riesling zugeteilt. In unserer Interpretation, die es locker mit der Berliner Volksbühne oder dem Thalia Theater in Hamburg hätte aufnehmen können, hatte der Pastor Riesling eine kurze, aber sehr prägnante Tanzszene, die vom Publikum in der Realschulaula mit Begeisterung aufgenommen wurde. Im Schutze der Inszenierung war ich nicht »schwul«, sondern »cool«. Wie einfach die Welt doch sein kann. Als ich dann aber, ein paar Wochen später, auf der nächsten Schul-Party eine heiße Sohle aufs Parkett legte, und das noch zu Depeche-Mode-Songs, drehte sich der Wind gewaltig, und es wurde ein ziemlich einsamer Abend. Wie kompliziert die Welt doch sein kann. Und so ist es noch heute, wenn mich wieder einmal der Teufel reitet und ich loslege. Aber mittlerweile ist mir das egal. Ab und zu mache ich mir sogar einen Spaß daraus, diese spießigen Münchner Millennials mit meinen Tanzeinlagen zu schockieren. Das kennen diese Polo-Hemd-Träger nicht, dass ein 49-jähriger Bär über die Tanzfläche fegt. Da kriegen sie Angst. Außerdem schwitze ich, was in diesen Kreisen gar nicht geht. Manche DJs versuchen mich zu stoppen, indem sie die Musik leiser machen, doch das funktioniert bei mir nicht. Ich habe die Musik im Blut, und in mir kann keiner etwas leise drehen.

Vor Kurzem habe ich gesehen, dass es Gruppen von Menschen gibt, die sich auf öffentlichen Plätzen treffen und Tango oder Mambo tanzen. Vielleicht gründe ich eine Gruppe von tanzenden Vätern, die einfach nur »abhotten«. Ich bin mir sicher, dass es auf dem Planeten viele Väter gibt, die ihre Tanzleidenschaft nicht voll ausleben dürfen. Mal schauen, ob mich meine Töchter dann als voll peinlich oder als voll cool einstufen, wenn sich das zu einem weltweiten Trend entwickelt und mein Instagram-Account durch die Decke geht.

# SCHIEFE SACHEN

Eine gewisse Genauigkeit ist bei Operationen am Gehirn und an der Wirbelsäule mit Sicherheit notwendig, um nicht zu sagen essenziell, weil sonst der Patient nach der OP seine Mutter nicht mehr erkennt oder gelähmt ist. Das verstehe ich, nur finde ich es als Ehemann einer Neurochirurgin schwierig, wenn diese Perfektion auf Tätigkeiten im Haushalt übertragen wird, besonders beim Heimwerken. Hier fängt es schon mit der Grundproblematik an:

Wer ist der Chef, beziehungsweise die Chefin, und wer ist der Assistent, beziehungsweise die Assistentin? Da meine Frau es gewohnt ist, im Operationssaal das Sagen zu haben, geht sie natürlich auch zu Hause davon aus, dass, wenn sie einen Hammer, eine Säge oder eine Schlagbohrmaschine in die Hand nimmt, also Werkzeuge, mit denen sie Tag ein Tag aus im Krankenhaus hantiert, sie es ist, die die Chefin ist – und ich bin der Assistent. Ich kann mit dieser Position gut leben. Nur ist es halt auch so, dass dann die Chefin für etwaige Fehler haftbar gemacht wird und nicht der Assistent. So ist das in der Wirtschaft, im Krankenhaus oder in der Gastronomie, um hier nur ein paar Beispiele zu nennen. Bei uns zu Hause ist das nicht der Fall. Schon des Öfteren wurde mir, dem Assistenten, vorgeworfen, falsch angezeichnet zu haben. Wenn ich befinde, dass der Bohrvorgang von meiner Frau nicht optimal ausgeführt wurde, reagiert sie nur mit Schnaufen – bei ihr ein eindeutiges Zeichen für Unverständnis, wenn nicht sogar Verachtung. Hinzu kommt, dass ich mit einer gewissen Ungenauigkeit wunderbar leben kann. In meiner vorehelichen Zeit hatte ich diverse leicht schiefe Regale und einen Schreibtisch mit Hangneigung. Mein Schrank hatte ungleiche Füße, was bei einem Erdbeben im Chiemgau unweigerlich zu meinem Tode geführt hätte, da nach Versagen der Bierdeckel-Unterleg-Konstruktion der Schrank mit hundertprozentiger Sicherheit auf mein Bett gekippt und ich in die ewigen Jagdgründe gehumpelt wäre.

Meine Frau kann mit schiefen Sachen nicht leben, deshalb ist ihr bester Freund die Wasserwaage. Ich mag, wie es sich für einen anständigen Ehemann gehört, ihren besten Freund nicht, er nervt. Der Spaß beim Heimwerken, zumindest in meinem Verständnis, liegt doch darin, dass man, also ich, nach Augenmaß die Bohrlöcher anzeichnet, dann anbohrt, eindübelt und festschraubt und sich dann denkt: Auwehzwick, da hätten wir mal besser die Wasserwaage hergenommen.

Um die weiteren Arbeitsschritte zu erwägen, wird sich dann eine Halbe Bier aufgemacht. Man holt einen Stuhl, setzt sich mit seinem Getränk vor das schiefe Regal und sinniert. Meine Frau kennt den Begriff »Baustellen-Halbe« überhaupt nicht, beziehungsweise tut so, als würde sie ihn nicht kennen. Ich bin mir sicher, bei Chirurginnen ist es wie bei Piloten, die saufen doch alle heimlich.

Das nehme ich zurück, sie ist Vollprofi, aber eine gewisse Lockerheit beim Bohrvorgang im Privaten würde ich mir schon wünschen. Wobei ich sagen muss, in der Küche ist meine Ehefrau eine wunderbare Assistentin. Keine schnibbelt mit solcher Geduld und Geschwindigkeit Gemüse wie sie. Vielleicht liegt das am sogenannten Küchenwein, diesen Begriff scheint sie zu kennen. Beim nächsten Regal werde ich statt dem Bier eine Flasche Wein einkühlen. Möglicherweise klappt es dann ja auch mit dem geraden Regal und mit der flachen Hierarchie.

# ER KALIBRIERT

*Geduld ist eine Tugend*, ja, sicher.

*Ausdauer ist edler als Stärke, und Geduld edler als Schönheit*, schon klar.

*Wer Geduld hat, kann alles überstehen*, super Spruch, aber wenn mein Drucker nicht sofort aufhört zu kalibrieren, schmeiße ich ihn gegen die Wand!

Während der Pandemie und dem damit verbundenen Homeschooling hatte ich uns einen neuen Drucker gekauft. Denn Lehrer verwenden bei ihren Übungen sehr viel Farbe und wenn mebis dann doch einmal funktionierte, erreichte uns eine schiere Welle an Arbeitsaufträgen, die unseren alten Drucker vernichtet hat. Zuerst versagte der Farb-Druck, dann der schlichte Schwarz-Weiß-Druck, und zum Schluss wollte er nicht einmal mehr kopieren. Sein kleines rotes POWER-Lämpchen erlosch für immer. Eine gewisse Mitschuld am Tod unseres langjährigen Begleiters muss ich hier auch meiner Frau geben, die es des Öfteren versäumte, bereits erledigte Arbeitsaufträge abzuhakeln, was dazu führte, dass etliche Übungen doppelt ausgedruckt wurden.

Anfänglich war ich absolut begeistert von unserem neuen Drucker. Ruhig, genügsam, ordentlich arbeitete er die ihm zugeteilten Aufträge ab. Doch mit der Zeit, und zuerst noch unbemerkt von mir, entdeckte er für sich die Kalibration. Ich hatte das Gefühl, er wartete nur darauf, bis ich das Zimmer verlassen hatte, um heimlich zu kalibrieren. Mit der Zeit verlor er jegliche Scham und kalibrierte schließlich offen vor allen Familienmitgliedern. Auf die Frage: Was macht der Drucker denn da?, kam immer öfter und mit einem resignierenden Schulterzucken:

»Er kalibriert.«

Im Grunde spricht nichts dagegen, sich gelegentlich neu auszurichten. Das trifft auf Menschen genauso wie auf Maschinen zu. Nur sollte der Mensch schon noch die Oberhand über die Maschine haben. Wenn das rote Licht blinkt, erinnert mich unser Drucker ein bisschen an HAL 9000 aus *Odyssee im Weltraum*. Ging der Film für die Menschen eigentlich gut aus? Ich kann mich nicht mehr erinnern. Falls mein Drucker mich vernichten will, weil er mich für überflüssig hält, wäre ich nicht überrascht.

Ich habe jetzt ein subtile Form der Rache gefunden. Wenn er sich in einer Kalibrations-Pause doch einmal herablässt und einen Auftrag ausführt, nehme ich das Blatt nicht sofort aus dem Drucker, sondern lasse ihn schmoren. Ich merke, wie es ihn wahnsinnig macht, wenn ich mich scheinbar zielstrebig nähere, um das Blatt dann doch nicht aus dem Ausgabefach herauszunehmen. Ich spüre, wie sich seine Schaltkreise verspannen. Man sieht, wie sein POWER-Lämpchen immer röter wird, und ich merke, wie er langsam, aber sicher immer weicher wird. Diesen Vorgang wiederhole ich mehrmals am Tag. Wir werden sehen, wer in diesem Kampf als Sieger vom Platz geht.

*Gegenwärtig konkurriert die Maschine mit dem Menschen. Unter richtigen Verhältnissen wird sie dem Menschen dienen.*

Ich mag Oscar Wilde.

# TINDERDATE AM NACHBARTISCH

»Sambia ist das neue Namibia«, dozierte der Mittzwanziger in seinem weißen Rollkragenpulli und machte eine Geste, die einem Dirigenten alle Ehre gemacht hätte. Dieser Satz war die Krönung einer Aufzählung von Reisezielen, die er vermeintlich schon besucht hatte. Mir persönlich waren es ein paar zu viel, um ihm wirklich glauben zu können. Doch sein Gegenüber, eine junge Frau, nickte gläubig und wirkte in keiner Weise belustigt. Es gibt Tage, da kann man solche Heldengeschichten vom Nachbartisch überhören, aber der junge Mann überbot sich von Minute zu Minute immer mehr und hörte gar nicht mehr auf, von seinen Weltreisen zu berichten. Sogar meine Frau kratzte sich schon bedenklich an der Schläfe, was mir zu verstehen gab, dass ihr der Typ ebenfalls mächtig auf den Senkel ging.

*Was für eine Arbeit wird er wohl haben, die ihm so viel Freizeit erlaubt?*, überlegte ich, als die junge Frau nun ihrerseits von ihren vielen Reisen erzählte.

»In Tel Aviv brodelt es, New York ist auch nicht mehr das, was es einmal war, Surfen nur noch vor Marokko, Island war schon ein bisschen überlaufen, in Tokio muss man unbedingt länger bleiben und Kolumbien nur mit Guide.« Sie redete so viel, dass ihre Suppe kalt wurde.

Zeit scheint kein Problem zu sein und das Geld auch nicht. Eigentlich waren die Zwei wie füreinander geschaffen. Aber was ist in ein paar Jahren, wenn sie die ganze Welt bereist haben, wohin wollen sie dann noch fahren? Und diese jungen Menschen werden alt – sie trinken nicht, sie rauchen nicht, sie treiben täglich Sport. Meiner Meinung nach ist das total asozial, das hält unser Sozialsystem doch überhaupt nicht aus. Wenn die alle über hundert werden, dann gute Nacht, mein Freund und Kupferstecher. Auf einmal setzte am Nachbartisch Stille ein. Ich blickte zur Seite. Beide hatten ihre Handys herausgezogen und schauten gebannt auf den Bildschirm. Nebenbei wurden die Suppen, die nicht ganz so »original« waren wie die in Hanoi, in sich hineingelöffelt.

Ich überlegte, ob ich mir einen Scherz erlauben sollte. Meine Frau bemerkte das sofort und schüttelte ganz leicht, und nur nach über zwanzig Ehejahren erkennbar, ihren Kopf. Ich lächelte, um sie zu beruhigen, konnte mich dann aber doch nicht beherrschen.

Ich rückte etwas näher an den jungen Mann heran: »Wir fahren ja gern in den Bayrischen Wald!«, sagte ich viel zu laut, sodass meine Frau sich etwas an ihrem Mango-Salat, der besser war, als der in Pasing, verschluckte.

»Rauf auf den Lusen, Himmelsleiter uns so, das ist großartig, und die Leberknödelsuppe in Spiegelau, bei dem Wirt an der Kirch, ist ein Traum!«

Ich schaute in die weit aufgerissenen Augen von zwei jungen Menschen.

Der Bayrische Wald schien ein Teil der Welt zu sein, von dem sie noch nie gehört hatten. »Und der Drachenstich in Furth im Wald ist schon sehr beeindruckend, wenn Sie wissen, was ich meine?«

»Nein, ich weiß nicht, was Sie meinen.« Der Typ schob missmutig seine Suppe auf die Seite.

»Essen Sie die nicht mehr?«, fragte ich höflich.

»Warum?«

»Na, da wäre es doch schade drum, also ich würde sie nehmen.«

»Zahlen, bitte zahlen«, rief der Rollkragen Richtung Bar und machte eine beeindruckende Augenverdrehung. Seine Begleitung stimmte ausdrucksstark zu.

Ich wandte mich wieder meiner Frau zu und fragte: »Schmeckt's?«

Sie schwieg und sah mich sehr lange, sehr streng an, doch dann, nach ein paar Sekunden Eiszeit, musste sie ganz leicht lächeln. Dieses Lächeln konnte man nur nach vielen Ehejahren erkennen, aber es war wunderschön.

Die jungen Menschen zahlten getrennt und flüchteten, ohne Trinkgeld zu geben, aus dem Lokal. Draußen gingen sie in verschiedene Richtungen. Schade, ich hätte den beiden noch gerne ein paar Ausflugstipps für Paare gegeben.

# BÖRSENSPIEL

Der junge Mann, mit dem Grinsen eines Maultiers, erzählte mir gerade zum dritten Mal, dass ich mein Geld für mich arbeiten lassen müsse. Wie schon bei seinen ersten zwei Versuchen, mir das Aktiengeschäft schmackhaft zu machen, verneinte ich dankend und sehnte mich nach einem Erdbeben oder einem kleinen Schlaganfall des Maultiers, irgendetwas, das mir eine klare Fluchtmöglichkeit aus dieser Kaffeehaus-Hölle gezeigt hätte. Ich winkte zum wiederholten Male dem Kellner, der sich aber eher als Schauspieler verstand, als sich um seine Gäste zu kümmern. Schon bei meiner Bestellung musste ich seine Performance unterbrechen, bei der er mir sämtliche Frühstücksvarianten, die das Motto-Café zu bieten hatte, und die alle eigene, lustige Namen hatten, vormonologisiert hatte, um, in seinen Augen, »nur« einen Kaffee und eine Breze zu bestellen. Breze werde bei ihnen nicht mehr so oft geordert, darum hätten sie nur noch ab und zu welche, er müsse mal schauen, säuselte der Brad Pitt für Arme. Ich wünschte ihm viel Glück bei der Suche. Humor war nicht seine Stärke.

Als er mich endlich verließ, begutachtete ich noch einmal das Café. Mintgrün schien die Lieblingsfarbe des Innenarchitekten zu sein. Dass ich hier hineingeraten war, konnte ich mir nur mit dem Wetter, drei Grad und Nieselregen, erklären, aber nicht verzeihen. Da saß ich nun inmitten von diesem spießigen, kitschigen Ambiente voller junger, spießiger Menschen und wurde von meinem neuen Freund vom Nachbartisch vollgetextet. Er hieß Bente, kam aus der Nähe von Bremen und arbeitete mit seinen Freunden für ein kleines Start-up-Unternehmen, das irgendetwas mit Geld, Bitcoin und Aktien machte. Amazon und Google wären interessiert. Für mich klang das Ganze eher nach Geldwäsche, was ich Bente auch sagte und worüber er sich köstlich amüsierte. Er fand mich lustig. Kurz nachdem mir meine Breze, die das Küchenpersonal, dem Aussehen nach zu urteilen, hinter der Spüle gefunden hatte, von Brad Pitt serviert worden war, sprach mich der Jungunternehmer an. Er kenne mich aus dem Fernsehen. Ich wäre doch der lustige Metzger aus diesen Provinz-Gaudi-Krimis.

Das Wort »Gaudi« sprach er so aus, als wäre ich debil oder schwerhörig. Zu diesem Zeitpunkt war ich aber noch gut gelaunt und ließ den Gschaftler gewähren. Ich finde es äußerst erstaunlich, wenn Menschen, die großes Mitteilungsbedürfnis haben, nicht merken, dass sie unerwünscht sind, oder es einfach gut ist, wenn das Gegenüber nur mit »Mhm«, »Echt«, »Aha«, »Verrückt« und leichtem Nicken antwortet. Ich meine, da könnte man doch darauf kommen, dass man seinen Redeschwall vielleicht stoppen und sich ein anderes Opfer suchen sollte. Während er weiter über »Die Geschäfte auf dem Parkett« referierte, schweiften meine Gedanken ab, zurück in die Zeit an der Trostberger Realschule. Hier war es üblich, dass die Schüler, die den kaufmännischen Zweig gewählt hatten, einmal in ihrer Schulzeit an einem Börsenspiel teilnahmen. Warum ich mir den kaufmännischen Zweig ausgesucht hatte, konnte ich mir nur mit Nieselregen und drei Grad Kälte erklären, oder geistiger Umnachtung. Nach meiner fragwürdigen Entscheidung durfte ich mich lange vier Jahre mit den extrem spannenden Fächern Wirtschafts- und Rechtslehre, Rechnungswesen, Stenografie und Schreibmaschinenschreiben auseinandersetzen. Wobei Letzteres wirklich die einzig sinnvolle Erfahrung war. In der neunten Klasse stand auch für mich das sagenumwobene Börsenspiel an. Man bekam einen imaginären Geldbetrag von 5000 DM und sollte damit Aktien kaufen. Diese ließ man drei Monate für sich arbeiten. Der Schüler oder die Schülerin – Mädchen bewiesen hier meistens größeres Geschick –, welche den größten

Gewinn erzielte, bekam dann von der örtlichen Bank irgendeinen windigen Sachpreis und eine Urkunde, samt Foto mit einem Bankvertreter, das in der lokalen Presse abgedruckt wurde. Der Erfolgsdruck hielt sich also in Grenzen. Da mich damals wie heute der Umgang mit Geld, insbesondere das Wetten auf Wertpapiere, nicht im Geringsten interessiert und ich es sogar für eines der größten Übel der Menschheit halte, befasste ich mich nicht groß mit Fachliteratur oder dem Vortrag des örtlichen Sparkassenvorstandes, sondern ging direkt zu einem Insider – meine Mutter. Meine Mutter arbeitete damals beim Schuh-Sport-Wagner und war dort in der Schuhabteilung tätig. Beim flüchtigen Blick auf die möglichen Firmen, an denen ich mich mit meinen 5000 DM beteiligen konnte, war mir die Salamander-Aktie aufgefallen. Ich hatte zwei Paar Salamander-Schuhe, und meine Mutter war von der Firma absolut überzeugt: »Des is a grundsolider Schuha.« Außerdem hatte die Firma Salamander den »Lurchi« als Maskottchen. Es war also klar vorgezeichnet, dass sich meine 5000 DM Einsatz in den nächsten Monaten verdoppeln, wenn nicht sogar verdreifachen sollten. Das war schon ein verdammt einfacher Weg, um Geld zu verdienen. Meine Entscheidung, alles auf eine Schuhfirma zu setzen, wurde in der Klasse mit Kopfschütteln aufgenommen. Meine Mitschüler vertrauten eher Siemens, Linde oder Volkswagen. Auch als ich ihnen versuchte, den »Lurchi« als große Trumpfkarte schmackhaft zu machen, winkten sie nur mitleidig ab. Nach einem Monat Börsenspiel hatte sich noch nicht viel getan. Die großen deutschen Firmen, die meine Mitschüler gewählt hatten, stiegen leicht und stetig. Meine Schuhfirma stagnierte. Ich versuchte, mit dem Kauf eines weiteren Paars Salamander-Schuhe dem Unternehmen einen kräftigen Schub zu geben, doch meine Aktion verpuffte. Dann, kurz vor dem Ende der Spielzeit, kam es zum Crash, aber nicht bei allen, sondern nur bei mir, beziehungsweise bei Salamander. Es musste etwas Gewaltiges passiert sein, entweder ein weltweiter Kollaps des Lederhandels oder gar der Tod des »Lurchi«. Ich bin nie hinter die tatsächliche Ursache des Einbruchs gekommen, was vielleicht auch daran lag, dass wir zu dieser Zeit gerade mit der Theatertruppe »Das Haus in Montevideo« von Curt Goetz probten und ich mit der Rolle des Pastor Riesling groß ins Schauspielgeschäft einstieg.

Unsere Schulleitung gratulierte dann von ganzem Herzen den sagenhaft guten Ergebnissen der Börsenspiel-Gewinnerinnen und war mehr als stolz auf ihre »Sieger«. Für das spätere Leben sollten sie genauso viel Erfolg haben und vielleicht mit der einen oder anderen Investition eine ordentliche Rendite erwirtschaften. Schön waren die Schlussworte: »Aber vergesst dabei niemals: Geld ist bekanntlich nicht alles ...« Ja, ja, dummes Gequatsche... eine der Siegerinnen sitzt wegen versuchten Drogenhandels in Südamerika im Knast und die andere arbeitet bei der Raiffeisenbank. Ich überlege, was die größere Niederlage ist. Der letzte Gedanke führte mich wieder zu meinem Gegenüber, der tatsächlich gerade Leonardo de Caprio in *Wolf of Wallstreet* zitierte. Er fragte, warum ich lächelte. Ich sagte. »Sie müssen in Salamander investieren.«

Er dachte nach.

»Sie meinen in seltene Tiere, das haben wir auch schon mal überlegt, aber da muss man höllisch aufpassen, wegen dem Tierschutz. Ich meine, wir sind ja nicht immer ganz legal unterwegs, aber das kommt nicht so gut an bei den jungen Leuten, da muss alles fair und...«

»Nein, nein«, ich unterbrach den Experten, »ich meine den Schuh.«

»Wow, es gibt Schuhe aus Salamander-Haut... aber das ist doch schwer illegal, oder?« Er trank nachdenklich von seiner Hanfmilch-Kaffee-Mischung.

In dem Moment erschien der Herr Ober und erbarmte sich. Ich zahlte einen beeindruckenden Preis für ein kleines Frühstück und flüchtete. Als ich winkend an der Scheibe des Cafés vorbeiging, googelte der Jungunternehmer gerade irgendetwas in seinem Handy.

# BARISTA

Ich musste mich anlehnen. Mit einem so langen Vortrag hatte ich nicht gerechnet. Mir war klar gewesen, dass diese Einladung kein Kinderspiel werden würde, aber das hier toppte alles. Wir standen nun schon seit einer gefühlten Ewigkeit in der Küche eines Kollegen meiner Frau, seines Zeichens Chirurg, und erhielten einen Vortrag über die Kaffeebohne an sich, deren Röstungsgrad, die scheiß Luftfeuchtigkeit und diverse Einzelheiten über sein Kaffeemaschinen-Monster. Der Referent war Single, warum brauchte er ein Gerät, das so groß war, dass man damit ein Kaffeehaus betreiben konnte? Ich hatte den Fehler begangen und auf die Frage, ob ich denn einen Espresso wolle, mit »Ja« geantwortet. Wer konnte damit rechnen, dass wir uns, bevor der Mann zur Tat schritt, erst einmal einen Vortrag über diese verdammte Bohne anhören mussten? Diese besondere Bohne bekam nur er von seinem Kaffeebohnen-Dealer und sie würde in Afrika von dürren Kinderhänden drei Monate in die Sonne gehalten, dann auf der Mutterbrust zerrieben, um später zu Fuß über die Alpen getragen zu werden. Diese Spezialistenbohne würde man auf dem normalen Markt ja überhaupt gar nicht bekommen. Rarität war sein Lieblingswort. Wenn er noch angefangen hätte, eine Power-Point-Präsentation über einen Beamer an die Wand zu werfen, wäre ich nicht erstaunt gewesen. Meine Frau knetete mir leicht die Schulter. Sie wollte mich beruhigen. Es gab eine Abmachung zwischen uns. Wir wussten, dass es ein- bis zweimal im Jahr eine Einladung aus meinem oder ihrem Bekanntenkreis gab, die beim Partner nicht unbedingt auf Begeisterung stieß, aber bei der wir uns zusammenrissen und gute Miene zum bösen Spiel machten. Ich denke, so ist es in jeder funktionierenden Beziehung. Aber er hier bewegte sich auf sehr dünnem Eis. Schon bei der Begrüßung hatte er uns gefragt, ob wir uns seine Maschine anschauen wollten. Kurz dachte ich, er sei Motorradfahrer und hatte in seinem kleinen Wigwam, wie er es nannte, eine 250-Quadratmeter-Wohnung im Münchner Lehel, ein Motorrad versteckt. Die Maschine entpuppte sich dann aber als riesiges SAECO-Siebträger-Ungetüm. Sie bildete das Zentrum einer gigantischen Küche, die in einem Sauberkeitsgrad erstrahlte, der nur zwei Möglichkeiten zuließ: Entweder er benutzte sie nie, oder der Herr Chirurg war Serienkiller. Ich tippte auf Zweites.

Dann geschah ein Wunder und der Barista schritt tatsächlich noch zur Tat. Er sagte, er dürfe sich Barista nennen, da er diverse Kurse gemacht hatte. Das Wort Barista würde zwar, so erörterte er uns, inflationär verwendet, doch er wäre halt ein echter Profi. »Fang an«, schoss es aus meinem Mund. Ich konnte mich nicht mehr zurückhalten. Er schaute uns fragend an. Meine Frau übernahm: »Stephan freut sich schon sehr auf seinen Kaffee.« »Espresso, meine Liebe, Espresso«, verbesserte der bald Zahnlose meine Ehefrau oberlehrerhaft. Ich machte einen Schritt nach vorne. Ich spürte einen festen Griff an meinem Oberarm. Meine Frau lächelte mich an. Ich atmete aus.

»Die Temperatur ist das Geheimnis.« Er versuchte eine passende Geste zu machen und scheiterte.

»Ist das spannend«, sagte ich leise.

Der Griff meiner Frau tat weh. Ich nickte die nächsten Minuten nur noch. Und tatsächlich, irgendwann, wir waren bereits in eine neue Mondphase eingetreten, schuf Gott einen Espresso. Verschwörerisch mit den Augen rollend, kam er auf mich zu. Ich griff nach der Tasse. Noch bevor ich trinken konnte, sagte er: »Und?«

»Ich muss ihn noch trinken«, war meine Antwort.

»Ah, ja«, er nickte unzufrieden.

Ich trank den Espresso aus, und sofort kam wieder: »Und?«

Darauf antwortete ich wahrheitsgetreu: »Ja, Kaffee.«

Und es war halt einfach ein stinknormaler Espresso, weder besonderer Mist, noch ein unvorstellbares Geschmackserlebnis – Kaffee halt.

Er war fassungslos.

»Aber, die Bohne, aber die Bohne«, wiederholte er mehrere Male.

»Ist drin«, sagte ich. Meine Frau musste lachen.

Er war verwirrt. Sein Blick wanderte in der Küche herum.

»Aber die Crema, die Crema ist doch ein Traum, oder nicht?« Er hatte ein Argument gefunden.

Ich wollte meine Worte weise wählen und machte eine kurze Pause, die meine Frau nutzte: »Die Crema hat wirklich wunderbar ausgesehen.«

»Ah, soll ich dir auch einen Espresso machen?«, fragte der Barista meine Frau.

»Nein«, war meine klare Antwort.

Meine Frau unterstützte mich mit der Aussage, sie würde lieber keinen Kaffee mehr trinken, weil sie sonst nicht so gut schlafen könne. Glücklicherweise kamen dann die anderen Gäste, aber es wurde trotzdem ein sehr zäher Abend, da sich unter den Herrschaften auch einige Baristi herauskristallisierten. Ich versuchte, einem dieser Männer zu erklären, als der wieder von dieser sagenumwobenen Crema anfing, dass man ein Weißbier ja auch nicht wegen dem Schaum trinken würde, stieß damit aber auf völliges Unverständnis. Ich hielt mich die nächsten Stunden in einem nicht so gut ausgeleuchteten Winkel der Wohnung auf. Ab und zu winkte ich meiner Frau und aß zu viele Schnittchen. Damit der Gastgeber diesen Abend ja nicht vergessen würde, habe ich ihm dann noch seinen sündhaft teuren spanischen Rotwein weggetrunken, sodass ich am nächsten Tag einen dermaßenen Schädel auf hatte, aber das war es mir wert.

# MANGO-MARACUJA-SMOOTHIE

Meine drei Kinder können kochen. Das macht mich stolz.

Sie sind zwar keine Sterneköche, aber wenn einmal keiner zu Hause ist, weil der Vater Länge mal Breite mal Höhe das Land durchstreift, um die Kabarettbühnen zum Lachen zu bringen und die Mutter im Krankenhaus ein paar Bandscheiben richtet, müssen die Kids nicht verhungern. Vielen ihrer Altersgenossen scheint diese Tätigkeit, die da hinter dieser geheimnisvollen Küchentüre ausgeübt wird, doch fremd, wenn nicht sogar eigenartig zu sein.

Vor ein paar Wochen stand ich bei uns in der Küche, als eine Freundin meiner Tochter hereinkam und mich mit großen Augen anschaute.

»Was machen Sie da?«, war ihre Frage.

»Ich koche«, meine Antwort.

»Krass, Sie kochen selber.« Sie schüttelte verwundert den Kopf.

»Ja, wir haben unseren Bediensteten heute einmal freigegeben.«

Sie verstand den Scherz nicht. Um die Pause nicht zu lang werden zu lassen, fragte ich sie: »Aber deine Eltern kochen doch sicher auch, oder?«

Sie überlegte kurz, dann sagte sie: »Naja, wir bestellen eher.«

»Ah, verstehe. Und was lasst ihr euch denn da so liefern?« Das interessierte mich wirklich.

»Vegetarisch, oder vegan«, antwortete sie kurz.

Ich wollte es genauer wissen: »Alles klar, aber das sind ja jetzt keine Gerichte. Was esst ihr denn da genau?«

»Oh, das weiß ich nicht, aber es ist gesund… viel mit Avocado.

Meine Mutter sagt, man sollte am Tag mindestens zwei Avocados essen. Mögen Sie Avocados?« Sie kam näher.

»Naja, es geht. Ehrlich gesagt, esse ich lieber so was wie das hier.« Ich deutete auf die Pfanne.

»Was ist das?«

»Das sind Schupfnudeln mit Sauerkraut.« Mir lief das Wasser im Mund zusammen, weil ich echt Hunger hatte. »Willst du auch etwas davon?«, fragte ich meinen Gast.

»Was ist Sauerkraut?« Sie schaute mich mit großen Augen an.

Ich musste lachen, weil ich dachte, sie hätte einen Scherz gemacht.

»Warum lachen Sie, Herr Zinner?« Ihr Blick wurde streng.

*Oha, kein Scherz*, dämmerte es mir. »Ich habe das Weißkraut mit Zwiebeln und einem Stück Apfel, Kümmel, einem Lorbeerblatt und Wacholderbeeren eingekocht.«

»Das ist vegetarisch, oder?«

»Ahh, nicht ganz, ein bissl Speck ist auch drin.«

»Das klingt interessant, aber ich weiß nicht, ob ich das vertrage.«

Das Mädchen schaute auf den Boden. Sie hatte sicher auch Hunger. »Was hättest du denn gerne?«, fragte ich sie.

Sie lächelte und sagte: »Einen Mango-Maracuja-Smoothie.«

Ich antwortete: »Ah, der ist gerade aus. Aber ich könnte dir die Schinkennudeln von gestern pürieren.«

Sie strahlte: »Sehr gern.« Damit verschwand sie aus der Küche.

# ZU LANGSAM FÜR DIE WELT

Ich werde immer überholt. Immer. Egal ob zu Fuß, mit dem Auto oder mit dem Fahrrad. Und mit dem Fahrrad ist es, seit Einzug der Elektro-Mobilität, am schlimmsten. Zur gesteigerten Geschwindigkeit kommt neuerdings noch die Kommentierung meines angeblich zu langsamen Fahrstils hinzu. Es wird der Kopf geschüttelt, stark und ruckartig ausgeschnauft, oder »Mann, Mann, Mann, Mann, Mann, Mann« gerufen. Dabei bin ich gar nicht langsam. Die Welt ist nur schneller als ich.

Mindestens zweimal in der Woche muss ich in München durch die Paul-Heyse-Unterführung. Die Durchquerungen werden mich, aufgrund der Abgasbelastung, mindestens ein Lebensjahr kosten, aber damit habe ich mich abgefunden. Nur ist in dem Tunnel wirklich sehr wenig Platz für Fußgänger und Radlfahrer. Und da neben einem die Autos in nicht zu unterschätzender Geschwindigkeit vorbeirauschen, heißt das, hier kann es echt lebensgefährlich werden. Letzte Woche radelte ich wieder gemütlich, nicht langsam, durch den Tunnel, als ich hinter mir eine gewisse Spannung verspürte. Ich bin kein Esoteriker, aber dieser Grant, diese Unzufriedenheit mit dem Leben, diese schlechte Stimmung, scheinen eine Art Bugwelle vorauszusenden. Die Welle traf mich im Genick, und ich war auf eine Ermahnung gefasst. Es kam aber nicht die Klingel zum Einsatz, nein, von hinten schallte auf einmal eine Frauenstimme: »Seite.« Nicht: »Fahren Sie bitte auf die Seite« oder »Können's bittschön mal rüberfahren«, nein, es kam nur »Seite«. Da ich Angst hatte, von der Dame in den Autoverkehr gedrängt zu werden, versuchte ich etwas nach rechts zu fahren, ohne die entgegenkommenden Fußgänger zu rammen. Es klappte, dank der Mithilfe der sichtlich wenig begeisterten Passanten, gerade so. Sofort nützte die Dränglerin ihre Chance und düste, ohne zu treten, auf ihrem mächtigen E-Bike an mir vorbei. Als sie sich auf gleicher Höhe befand, schleuderte sie mir noch einen kehligen Laut entgegen, der mich an eine Speikobra erinnerte. Ich hatte Angst um mein Augenlicht und hielt die Hand schützend vor mein Gesicht. Genervt rief ich ihr hinterher: »Wo müssen Sie denn so dringend hin?« Sie antwortete mit einem Funkeln in den Augen: »Zur Meditation!«

Ich stellte mir vor, wie die eilige Dame mit ihrem Ausruf »Seite« andere Meditationsteilnehmer verscheuchte, um einen optimalen Platz für ihre Isomatte zu finden.

An der nächsten Ampel kam ich unmittelbar hinter ihr zum Stehen. Ich bremste vollständig ab und sagte laut: »Platz«. Ihre Schultern zogen sich nach oben, aber sie vermied es, nach hinten zu blicken. Schade.

# FLASCHE LEER

Es gibt wahrscheinlich kein anderes Land auf der Welt, in dem dir so oft gesagt wird, wie etwas sein muss. Der Höhepunkt der deutschen Belehr-Meisterei ereilte mich kurz nach Silvester am Glascontainer. Pflichtbewusst marschierte ich mit zwei vollen Tüten Richtung Friedhof. Dort befinden sich bei uns in der Nähe die üblichen Recycling-Behälter für Flaschen, Plastikabfälle, Dosen etc. Zielsicher steuerte ich den Container für grüne Flaschen an, nahm eine, meiner Meinung nach, grüne Flasche und wollte sie hineinwerfen, als ich von hinten hörte: »Braun!« Ich drehte mich um. Hinter mir im Gebüsch stand ein älterer Mann mit Mantel, Hut und Plastiktüte. Er wiederholte grimmig »braun«. »Wie bitte?« Er schüttelte genervt den Kopf, dann bildete er einen Satz: »Das ist eine braune Flasche.« Jetzt verstand ich und kontrollierte noch einmal die Weinflasche in meiner Hand, die eindeutig dunkelgrün war. Ich versuchte ihm zu erklären, dass sie gleich in den richtigen Container wandern würde. Er ließ sich aber nicht umstimmen und beschimpfte mich als Unruhestifter. Was das Wort Unruhestifter mit dem vermeintlich falschen Flascheneinwurf zu tun haben sollte, verstand ich nicht. Ich versuchte ihn zu ignorieren und warf die grüne Flasche in den Container für grüne Flaschen. Hinter mir grummelte es weiter: »Eindeutig braun, die war eindeutig braun.« Ich machte weiter. Bei meinem letzten Einwurf hatte der Aufpasser noch einmal einen Einsatz: »Pfandflasche.« Und ja, er hatte recht, aber bei geschätzten zwanzig Flaschen kann man doch wohl eine einzige Pfandflasche in den Recyclingkreislauf ohne Mehrwegumweg zurückführen, ohne gleich beschimpft zu werden. »Wollen Sie die haben?«, fragte ich ihn noch höflich. »Was, ich bin doch kein Penner!«, schnauzte mich der Herr an. Das war einer zu viel: »Sag einmal, Opa, hast du nichts Besseres zu tun, als hier die Mülltrennungs-Gestapo zu spielen? Schleich dich gefälligst zurück in dein Heim und spiel ein bissl Sudoko! Das kann ja wohl nicht wahr sein.« Natürlich hätte ich die Klappe halten und einfach gehen sollen, aber er ging mir mächtig auf die Nerven. Außerdem war ich leicht verkatert, was mich für Kritik wenig empfänglich macht. »Unruhestifter, ganz klar Unruhestifter!« Er machte nicht im Geringsten Anstalten zu gehen. Es kam zu einem Blickduell, das ich krachend verlor. Fast wollte ich schon geschlagen das Feld räumen, als sich in mir etwas auflehnte. Ich drehte mich zu meiner Nemesis um, hob die Flasche hoch und begutachtete sie. Es war eindeutig eine weiße Flasche. Ja, viele werden jetzt über das Wort »weiß« im Vergleich zu dem Wort »durchsichtig« sinnieren, aber das ist mir wurscht. Ich nahm die weiße Flasche und hielt sie über das Loch für grüne Flaschen. Jetzt kam Bewegung in den Mann. »Wehe, wenn!« »Was, wenn?« Ich wackelte provozierend mit der Flasche. Er kam näher. »Tun Sie das bloß nicht!« Er hob drohend den Zeigefinger. Sein ganzer Körper bebte. Ihm schien wirklich sehr viel an der farbgetreuen Entsorgung zu liegen. Mir kamen Zweifel an meiner Aktion, und da ich nicht an einem Herzinfarkt schuld sein wollte, gab ich klein bei und verließ den Ring. Hinter mir grummelte es weiter. »Braun, Unruhestifter, Frechheit…«

Ich wünschte ihm noch, ohne mich umzudrehen, einen schönen Tag.

Auf meinem Heimweg kam ich nach ein paar hundert Metern am EDEKA vorbei. Da ich noch immer die Pfandflasche in meiner Hand hielt, entschied ich mich dafür, sie schnell in den dort befindlichen Pfandflaschenrückgabeautomaten zu stecken. Wenn schon, denn schon. Vor mir entnahm ein vorbildlicher Jugendlicher gerade den Rückgabeschein aus dem Automaten. Er rückte seine Kopfhörer zurecht und verschwand im Regaldschungel. Ich war an der Reihe. Wie auf diversen Bildern beschrieben, schob ich die Flasche korrekt mit der Unterseite nach vorne in den Automaten. Ein rotes Licht blinkte. Auf dem Bildschirm stand »Fehler!« Wie hatte es der Rentner so schnell in den Pfandflaschenrückgabeautomaten geschafft? Auch bei meinem zweiten Versuch verweigerte mir der Automat die Aufnahme. Ich versuchte es noch ein drittes und viertes Mal, ohne Erfolg, dann resignierte ich. Heute schien eindeutig nicht mein Rückgabetag zu sein. Ich stellte die Flasche neben den Automaten und wollte unverrichteter Dinge den Supermarkt verlassen, als von hinten ein »Moment« kam. Ich drehte mich um. Eine Supermarkt-Mitarbeiterin stand dicht hinter mir. Sie fixierte mich streng. »Was machen Sie da?« Ich erklärte ihr, dass ich versucht hatte, die Pfandflasche ordnungsgemäß zu entsorgen, der Automat aber nicht funktionierte und ich demzufolge die Flasche neben dem Gerät abgestellt hatte. Meine Vermutung, dass sich in dem Automaten ein Rentner befand, der mit der Hand gegen die Flasche drückte, um ihr die Entsorgung zu verweigern, ließ ich aus. »So geht das aber nicht. Sie können nicht einfach die Flasche neben den Automaten stellen. Wo kämen wir da hin, wenn das jeder machen würde?« Wie aus dem Nichts standen hinter der Frau mehrere Kunden, die nickten. Ich hatte das Gefühl, ein leises Lachen aus dem Pfandflaschenrückgabeautomaten zu hören. »Was soll ich jetzt machen?«, fragte ich die Ordnungshüterin. »Wieder mitnehmen, was sonst?« Sie kam näher und mit ihr der nickende Kunden-Mopp. Ein Blick auf ihre enorm großen Birkenstockschuhe machte mir Angst. Ich nahm die Flasche wieder an mich und schlich aus dem Supermarkt. Auf den letzten Metern zu unserer Wohnung kam ich noch an zwei Mülleimern, einem Getränkemarkt und etlichen Gebüschen vorbei, aber irgendwie wollte ich diese Pfandflasche weder widerrechtlich einfach wegwerfen noch gesetzesgetreu zurückgeben, deshalb entschied ich mich dafür, sie zu behalten. Aus ihr hat unsere jüngste Tochter ein kleines Kunstwerk gebastelt, das jetzt meinen Probenraum ziert.

# MARATHON-MANN

Ich bin heute an einem Jogger vorbeigeradelt, der gerade von seinem am Oberarm befestigten Mobilfunkgerät angespornt wurde, schneller zu laufen. Aus dem Gerät tönte eine weibliche Stimme, die rief: »Schneller, beschleunige, du kannst noch mehr, noch drei Minuten, dann Cool-Down!« Ja, ich gebe zu, ich habe kurz an etwas Versautes gedacht, dann aber überlegt, ob seine Frau diesen Spruch vielleicht aufgenommen hat, um den Herrn, der sich ungefähr in meiner Gewichtsklasse und meinem Alter bewegte, dabei zu helfen, ein paar Kilo abzunehmen, oder ob es sich um eine professionelle Abnehm-Motivations-App handelte. Weil ich neugierig war, ob er die drei Minuten noch durchhalten würde, habe ich mein Tempo verlangsamt. Ich blieb knappe fünf Meter vor ihm. Der Mann war mir sehr sympathisch. Er trug eine alte Jogginghose, die dem Aussehen nach eher für die Couch als für den Hochleistungssport ausgelegt war. Die Laufschuhe waren keine Laufschuhe, sondern alte Adidas-Hallenfußballschuhe »Samba Classic«. Der Pulli hatte Ölflecken und das Stirnband war schwer aus den Neunzigern. Auch erinnerte er mich ein bisschen an meinen früheren Nachbarn Claus, der sich einmal auf den München-Marathon nur vorbereitet hatte, indem er zum Dia-Vortrag von Reinhold Messner gegangen war, der ihm einredete, dass »Alles mental« sei. Der Claus kollabierte dann bei Kilometer 4,5.

Zurück in die Jetzt-Zeit. Der Jogger erhielt gerade wieder Anweisungen von seinem Mobilfunkgerät, als er stehen blieb und seinen Oberarm anschrie: »Ach, halt doch die Klappe! Du blöde Kuh!« …

Ich war mir sicher, dass es sich um eine Abnehm-App handelte, denn so würde ein Mann mit Samba-Classic-Schuhen nie mit seiner Frau reden. Nach kurzer Stille piepte dann noch sein Handgelenk, besser gesagt, sein Fitnessarmband. Ich weiß nicht, ob seine Vitalfunktionen irgendwelche Grenzwerte überschritten hatten, auf alle Fälle ging ihm jetzt der Gaul durch und er versuchte mit aller Kraft, das Armband von seinem Handgelenk zu lösen. Zu allem Überfluss mischte sich nun seine Abnehm-App wieder ein und bemerkte kritisch: »Du stehst jetzt schon dreißig Sekunden!« Der Mann kommentierte das nur noch mit einem Ausruf, der dem grünen Hulk alle Ehren gemacht hätte. Er ging zu einem Mülleimer und versuchte das Armband an einem Metallvorsprung einzuhängen, um dann mit seinem ganzen Körpergewicht dagegen zu arbeiten. Er war zu allem bereit, nur um das Ding loszuwerden. Wieder kam ein Superhelden-Schrei. In dem Moment bemerkte er, dass ich ihn beobachtete. Er schaute mir in die Augen. »Was?«, kam es bellend aus seinem Mund. Ich antwortete mit einem unsicheren »Soll ich Ihnen helfen?« Darauf lachte er hysterisch. »Ach, Sie glauben wohl, ich schaffe das nicht alleine! Warum glauben immer alle, ich schaffe das nicht alleine?« Ich wollte Einspruch einlegen, bekam aber keine Chance. »Es klemmt halt. Verstehen Sie, es klemmt. Es liegt nicht daran, dass ich kein Durchhaltevermögen habe, oder es mal wieder nicht richtig will. Nein, das Scheiß-Ding klemmt einfach!«

Ich sagte ganz leise: »Sie haben recht.«

Das beruhigte ihn keineswegs: »Ach, jetzt habe ich auf einmal recht. Ansonsten habe ich nie recht, aber jetzt kommt er daher und sagt, ich habe recht. Sie kennen mich doch gar nicht.«

»Das stimmt.« Ich versuchte, unbemerkt den Rückzug anzutreten.

»Was tun Sie hier eigentlich, haben Sie nichts Besseres zu tun?«

»Ich hatte auch mal solche Turnschuhe.« Das war nicht gelogen.

Er blickte nach unten. Für ein paar Sekunden konnte ich sein Gesicht nicht sehen. Als er mich wieder anschaute, hatte er einen friedlichen Glanz in den Augen.

»Früher, beim Fußball, ist man einfach so gelaufen. Ich habe nie darüber nachgedacht, dass ich laufen muss. Da war der Ball und man ist hinterher. Ja, natürlich hat man versucht, seine Position zu halten, aber das war auch nicht so wichtig, oder?«

»Welche Position haben Sie denn gespielt?«, fragte ich.

»Offensives Mittelfeld, ich hatte die Nummer 10.« Er machte einen stolzen Eindruck.

»Ah, verstehe, der Spielmacher.«

»Naja, ich war kein Platini, aber für die Bayernliga hat es gelangt.«

In dem Moment mischte sich sein Handy ins Gespräch ein: »Du stehst jetzt schon eine Minute und dreißig Sekunden.«

In aller Seelenruhe drückte er eine Taste auf seinem Handy, und die Dame verstummte.

»Ich mag ihre Stimme, aber sie ist sehr streng mit mir. Sind Sie verheiratet?« Er musterte mich.

»Ja, und Sie?«

»Bald wieder.«

Mit einem sicheren Griff öffnete er den Verschluss des Fitnessarmbandes, nahm es ab und warf es in den Müll.

»Laufen ist kein Sport. Ich gehe jetzt nach Hause.«

Er drehte sich um und schlenderte ruhigen Schrittes davon.

Ich stand ein bisschen verloren herum, bis ich mich entschied, ebenfalls den Heimweg anzutreten.

Von Ferne konnte man das Fitnessarmband im Mülleimer piepen hören.

# MEHR VOLUMEN

Ich habe jetzt noch, nach dem Auszug meines Sohnes, drei Frauen in der Wohnung: Tochter Nr. 1 mit achtzehn Jahren, Tochter Nr. 2 mit vierzehn und Frau (mittelalt). Alle drei sind wunderbar, aber sie respektieren meine Hygieneartikel überhaupt nicht. Es sei erwähnt, dass es sich dabei nur um ein Deo, eine Duschseife und eine Creme handelt, die mir meine Frau geschenkt hat und die ich hernehmen soll, damit ich nicht so schnell alt werde. Das ist echt nicht viel. Ich frage mich, ob sie diese drei Produkte für unwürdig erachten, denn ich finde sie ständig irgendwo, wo sie nicht hingehören: unter dem Waschbecken, hinter dem Trockner, neben dem Heizkörper, auf dem Boden, etc. Was wollen sie mir damit sagen? Also, an meiner Aufenthaltszeit im Badezimmer kann es nicht liegen, die ist äußerst kurz. Das liegt erstens daran, dass ich keine Haare habe. Zweitens dusche ich kalt, um Vladimir eins auszuwischen. Und kalt duschen kann ich nicht besonders lang, ist aber auch absolut ausreichend, weil ich immer noch keine Haare habe. Gestern wurde ich dann noch beschuldigt, das »Garnier Wahre Schätze Pflege Shampoo Kokosmilch und Macadamianuss« benutzt zu haben. Ich benutze nichts, was klingt wie ein Nachtisch! Ich habe mir die Flasche angeschaut, da steht drauf: für mehr Volumen. Wo nichts ist, kann aber auch nichts mehr werden. Als mein Sohn noch mit in der Wohnung lebte, haben sich die drei in Sachen Badezimmer nicht so weit aus dem Fenster gelehnt. Ich vermisse ihn. Wobei ich schon sagen muss, dass er einen sehr hohen Stromverbrauch hatte. Konrad spielt diverse elektronische Instrumente und ist ein ziemlicher

Computer-Experte. Er hatte für sein Equipment einen Hauptschalter. Wenn man den eingeschaltet hat, flackerte in den anderen Häusern im Viertel das Licht. Ich glaube, ISAR 1 ist nur wegen meinem Sohn so lang am Netz geblieben.

Konrad hat lange Haare. Vielleicht kommt er heimlich in unsere Wohnung und duscht mit »Garnier Wahre Schätze Pflege Shampoo für mehr Volumen«. Ich werde das nächste Mal, wenn wir uns sehen, an ihm riechen und auf die Fluffigkeit seines Haares achten. Wobei dieses Haarthema halt auch ein Gebiet ist, von dem ich überhaupt keine Ahnung habe – wie auch. Und ich finde, es ist okay, wenn es Themen gibt, bei denen ich nicht mitreden kann. Meine Frau und meine Töchter können sich in aller Ausführlichkeit über die Festigkeit, die Länge, das Volumen, die Spitzen, die Stumpfheit, die Glätte, den Ansatz, die Strähnigkeit ihrer Haare unterhalten. Ich bin nicht neidisch, nein, aber mit welcher Ernsthaftigkeit und welcher Ausdauer sie sich stundenlang diesem Thema widmen, ist beeindruckend. Gern werden Vergleiche zu Bekannten gezogen, die dem Urteil meiner Familie nach extrem gutes Haar haben. Ich halte mich bei diesen Gesprächen komplett raus. Selbst wenn ich um meine Meinung gefragt werde, tue ich so, als wäre ich schwerhörig. Denn ich habe schon erlebt, wie es sich anfühlt, wenn man auf einem Gebiet versucht mitzureden, von dem man absolut keine Ahnung hat, und daraufhin gedemütigt wird. Es ging um Curtain Bangs. Meine weiblichen Familienmitglieder unterhielten sich wild durcheinander über diesen Curtain Bangs. Ich vermutete einen amerikanischen Jungschauspieler, der in irgendeinem Marvel-Film eine Comicfigur spielte. Meine Vermutung, dachte ich, bestätigte sich, als der Satz fiel: »In der *GLAMOUR* steht, dass Kendall Jenner das neueste Mitglied in der Curtain-Bangs-Familie sei.« Da es sich bei Kendall Jenner um ein Model handelt, Instagram sei Dank, konnte ich davon ausgehen, dass Kendall und Curtain ein Paar waren. Auf meine Frage: »Wie lang ist denn die Kendall Jenner schon mit diesem Curtain Bangs zusammen?«, durchfuhr dann aber meine drei Frauen ein hysterisches Zucken und Lachen, als wäre der Teufel in sie gefahren. Wild schlugen sie auf den Tisch und prusteten. Tränen drangen aus ihren Augen. Immer wieder deuteten sie auf ihre Haare. Ich zog mich dann unter Vorgabe falscher Tatsachen mit meinem Handy auf das Klo zurück und googelte den Namen Curtain Bangs in verschiedensten Schreibweisen. Es dauerte nicht lange, bis mir mein Telefon erklärte, dass es sich bei Curtain Bangs um eine besondere Frisur handelte: Es bezeichnet ein geläufiges Styling des Ponys, bei dem das Haar leicht in der Mitte gescheitelt ist. Woher sollte ich das bitte wissen? Ich mied den restlichen Tag den Kontakt zu meiner Familie. Als ich heute Abend die Dusche bestieg, wählte ich das erste Mal »Garnier Wahre Schätze Pflege Shampoo Kokosmilch und Macadamianuss«, um meinen Bart damit einzuschäumen. Ich sparte nicht an der Menge. Und ich muss sagen, ja, er war fluffiger und hatte mehr Volumen als je zuvor.

# DAS KAMMERL DES SCHRECKENS

Der Ort, dem eine ganz wesentliche Funktion im Zinner'schen Ordnungssystem zukommt, ist das Kammerl. Ich habe in einem Bayrisch-Hochdeutsch-Wörterbuch, das auf der Toilette eines Bekannten zwischen den dort immer gern gelagerten Asterix-und-Obelix-Heften versteckt war, gelesen, dass Kammerl bei den Norddeutschen mit »kleines Büro« oder »Abstellkammer« übersetzt wird. Beides trifft auf unser Kammerl nicht zu. Vielmehr ist unser Kammerl eher mit dem Bermudadreieck zu vergleichen. Manche Dinge, die darin gelagert werden, kommen nie wieder heraus, werden verschluckt, lösen sich auf, werden teleportiert. Auch tauchen Dinge, die uns gar nicht gehören und die wir niemals gekauft haben, auf einmal darin auf. In Harry Potters Zauberschule wären solche Vorgänge vielleicht normal, aber in einer Mietswohnung im dritten Stock in München-Schwabing ist das schon eine äußerst sonderbare Eigenschaft. Wer nun glaubt, diese Anomalie in unserer Wohnung würde uns beunruhigen, liegt falsch. Im Gegenteil, dieser sonderbare Ort lässt es zu, dass manche Dinge, die man nicht wegwerfen will oder darf oder soll, weil man sie zum Beispiel von den Eltern oder Schwiegereltern geschenkt bekommen hat, wie Nackenmassagegeräte, fragwürdiger Schaumwein, Bierbrausets, Rückenkratzer oder Autoduftspender, auf wundersame Weise für immer verschwinden, ohne dass man sich direkt einer Straftat schuldig gemacht hat. Deshalb ist es auch strengstens verboten, Familienmitglieder jeglichen Alters im Kammerl einzusperren, und sei es nur zum Spaß. Diese Anordnung gilt auch ausdrücklich für unsere

Meerschweinchen Bonnie und Chacko, denn ein früheres Familienmitglied, der von uns allen geliebte Hamster Willy, wird seit zehn Jahren vermisst. Der letzte Ort, wo man ihn lebend gesehen hat, war: das Kammerl.

Diese magische Kraft des Verschwindens, beziehungsweise des Verschwindenlassens, führt in ganz selten Fällen dazu, dass sich bei einem Streit einer der Duellanten zur Tür des geheimnisvollen Orts begibt, langsam das Portal öffnet und zitternd in das Kammerl deutet. Zum Glück war dies in den letzten vierundzwanzig Ehejahren nur dreimal der Fall. Einmal deutete ich und zweimal deutete meine Frau ins Jenseits. Also habe ich noch einen gut.

Zur zweiten Eigenschaft, dem Auftauchen von Sachen, die wir nie besessen haben, sei hier der Vorfall geschildert, als ich im obersten Fach des linken Regals im Kammerl eine gar nicht so kleine Menge Marihuana fand, die in einer leeren Zigarettenschachtel versteckt war. Niemand in der Familie, weder Tochter 1, noch Tochter 2, Frau (ohne Nummer), Sohn, Bonnie oder Chacko, konnte sich den Fund erklären, und alle stritten jegliche Verbindung mit dem Drogenfund ab.

Auf jeden Fall ist das Kammerl ein spannender Ort in unserer Wohnung, und das regelmäßige Verschwinden von Gegenständen erspart mir die ein oder andere Fahrt zum Wertstoffhof. Und vielleicht kommt er ja irgendwann zurück, der Willy, und erzählt uns eine abenteuerliche Geschichte aus einer anderen Dimension.

## GETRAGENE HUNDE

In einem Interview mit einem investigativen niederbayrischen Lokalblatt habe ich mal gesagt: »Ich finde es doof, wenn Zuschauer ihre Hunde mit in die Kabarett-Vorstellung bringen.« Zu diesem Satz stehe ich.

Ich hätte nicht gedacht, dass diese Aussage ausreicht, um einen Shitstorm zu entfachen. Na gut, sagen wir, es war eher ein Shitstörmchen… aber trotzdem. Die öffentliche Inquisition hatte also den Daumen über mich gesenkt. Die E-Mails lasen sich lustig, und ich hatte hohe Stimmen im Ohr. Was mich erstaunte, waren die verwendeten Worte. Sie waren böse, verletzend, gemein. Wenn ich jetzt gesagt hätte, man sollte alle Hunde der Welt in eine Fritteuse werfen, okay, dann wären die Worte »Hundehasser« oder »Arschloch« gerechtfertigt gewesen. Aber egal, dieses feige Internet-Pack kann mir wurscht sein. Ich mag Tiere. Ich kümmere mich zum Beispiel mit großer Sorgfalt um unsere zwei Meerschweinchen Bonny und Chacko. Die zwei mögen mich zwar nur, weil ich mich regelmäßig mit Petersilie bei ihnen einschleime, dennoch haben wir langsam eine Beziehung aufgebaut und mir wird erlaubt, sie gelegentlich zu kraulen. Doch zurück zu meinem Shitstörmchen: Eigentlich wollte ich nur einer Sache vorbeugen, nämlich, dass Menschen bei einer meiner Vorstellungen in der ersten Reihe mit einem Hund in einem Baby-Björn sitzen.

Ich habe dieses Phänomen bei uns im Viertel beobachtet. Zuerst dachte ich, der getragene Hund wäre gelähmt oder hatte einen bösen

Unfall gehabt, denn ich konnte beim besten Willen keinen Grund dafür finden, einen gehfähigen Hund in einem Tragegurt vor dem Bauch zu transportieren.

Die erste Berührung mit dieser Erscheinung hatte ich direkt vor unserer Haustür. Ein Mann um die dreißig trug einen kleinen braunen Boykin Spaniel vor seinem Bauch. Ich fragte den Träger, welches Unglück denn dem armen Tier passiert sei. Woraufhin der Mann mich entgeistert anschaute und fragte, was ich von ihm wolle. Langsam und deutlich wiederholte ich meine Frage: »Warum tragen Sie diesen Hund?« Seine Antwort war verrückt:

»Er läuft halt nicht so gerne, der Raoul!«

»Aha, der Raoul.« Ich war sprachlos.

Wenn es danach ginge, hätte ich mit meinen Kindern keinen einzigen Ausflug machen können. Es sind großartige Kinder, doch sie zum Beispiel zu einer Bergtour zu überreden, war schwierig bis unmöglich, und wenn man es tatsächlich geschafft hatte, kamen die üblichen Fragen: »Wie weit ist es noch?«, »Wann machen wir eine Pause?«, »Wo kann ich pinkeln?«, schon kurz nach dem Parkplatz.

Der Mann mit dem Hund vor seinem Bauch wendete sich zügig von mir ab und die zwei marschierten Richtung Innenstadt. Also einer marschierte und der andere ließ sich tragen, weil er halt nicht so gern läuft. Können Hunde sprechen?

Diese Begegnung hat nachhaltige Spuren bei mir hinterlassen, weshalb ich mich sehr davor fürchte, einen Zuschauer in der ersten Reihe mit so einem Raoul zu sehen.

Außerdem habe ich mir überlegt, wie die Reaktion der Menschen wäre, wenn ich mir von meiner Frau einen BH ausleihen würde, um Bonny und Chacko mit dem Gesicht nach vorne darin zu platzieren. Shitstorm? Wer weiß…

# TOTE ENTE

Die Männer neben uns waren aus Asien. Sie studierten eifrig die Speisekarte. Flüsternd tauschten sie Sätze aus, und es klang, als verhandelten sie ein wichtiges Abkommen. Gestenreich versuchten sie eine gemeinsame Linie in der Essensauswahl zu finden. So zumindest war mein Eindruck. Als der Kellner an ihren Tisch kam, bestellten sie in perfektem Asiatisch. Ja, ich weiß, das ist Quatsch, aber da sich das Restaurant mit asiatischer Cross-Over-Küche schmückte und man hier einen wilden Mix aus China, Vietnam, Thailand und Kambodscha vorgesetzt bekam, war ich mir nicht sicher, in welcher Sprache sie miteinander kommunizierten. Die Parteien waren sich aber sehr schnell einig und die Bestellung wanderte in die Küche.

Ich überlegte, ob ich bei einem Besuch in Asien dort in ein bayrisches Lokal gehen würde, aber die Ankunft unserer dampfenden Teller unterbrach mich bei meinen Gedankenspielen. Mir war es egal, aus welchen Land der Koch stammte, er war ein Gott. Es schmeckte hervorragend. Der Chili trieb einem zwar den Schweiß auf die Stirn, trotzdem, der Mann verstand sein Handwerk, und ich bin, was scharfes Essen betrifft, einfach ein Weichei. Meine Frau, um meine Schwäche wissend, lächelte und zog genüsslich die nicht minder scharfen Nudeln in ihren Mund. Nach ein paar Minuten bekamen unsere Tischnachbarn ihr Essen. Sie hatten beide Ente, nur der Untergrund der beiden Teller war von unterschiedlichen Gemüsen geschmückt. Sie begutachteten ihre Speisen ausführlich, dann nickte der Herr schräg gegenüber. Auf einmal stand der Mann neben mir auf. Er stieg, nachdem er sich das Okay vom Kellner geholt hatte, auf die Bank. Ich erwartete eine Rede, wie ich sie schon oft am oberbayrischen Land gehört hatte, diesmal halt in einer mir fremden Sprache. Es kam aber keine Rede, stattdessen zog der Mann einen kleinen Fotoapparat aus seiner Jackentasche und fotografierte die Ente aus allen möglichen Blickwinkeln. Eine tote Ente ist ein langweiliges Motiv. Wenn ich ein Fotoshooting habe, spiele ich natürlich mit der Kamera. Zeige verschiedene Posen, wechsle die Gesichtsausdrücke, nicht dass ich darin besonders begabt wäre, aber ich versuche, der Fotografin oder dem Fotografen verschiedene Motive zu liefern. Das konnte die Ente nicht, sie war schließlich tot. Ich überlegte kurz, ob ich mit der Hand unter das tote Federvieh fahren sollte, um es ein wenig zum Leben zu erwecken. Meine Frau spürte diesen Impuls und sendete mir einen strengen Blick der Sorte: »Wehe!« über den Tisch. Ich wiegelte ab. Ja, ich hatte kurz mit dem Gedanken gespielt, aber so etwas würde ich doch nicht machen, also heute nicht.

Die Männer neben uns stellten sich als Foodblogger heraus. Sie verdienten ihr Geld mit dem Fotografieren und dem dazugehörigen Kommentieren von Essen – im Restaurant, zu Hause, bei Freunden – ein schöner Beruf. Ich wäre vollkommen ungeeignet als Foodblogger, da ich das Essen nie so lange anschauen könnte, ohne davon zu probieren. Und ein angebissenes Schnitzel wäre wohl kein so geeignetes Fotomotiv für Instagram. Natürlich könnte ich regelmäßig Selbstgekochtes fotografieren, aber ich tendiere eher zum Schmorgericht. Und Schmorgerichte sind optisch meistens eher so naja, schmecken dafür aber göttlich. Wobei, ab und zu muss man auch etwas riskieren. Ab nächster Woche werde ich Schmorblogger. Mal schauen, ob mein Instagram-Account dann durch die Decke geht.

# ARMER ACHIM

»Ja, im Bett läuft es halt auch nicht mehr so…«, hörte ich eine junge Frauenstimme hinter mir sagen.

Ich drehte mich um, da ich über diese Ansprache in der Kassenschlange im Supermarkt erstaunt war.

»Wie kommen Sie darauf?«, fragte ich die fein gekleidete Frau, die gerade ihre Einkäufe auf dem Fließband stapelte.

Sie schaute mir in die Augen und sagte: »Der Achim ist ja auch viel attraktiver!«

Mir schwante, dass nicht ich gemeint war, antwortete aber trotzdem höflich: »Entschuldigung, aber einen Achim kenne ich nicht.«

Meine direkte Erwiderung schien die Frau zu verwirren.

Sie sagte laut: »Was wollen Sie von mir?«

Ich darauf: »Entschuldigung, aber Sie haben mir unterstellt, dass es im Bett bei mir nicht mehr so gut laufen würde.«

»Was fällt Ihnen ein, mein Telefongespräch zu belauschen?!«, entgegnete mir die Frau entrüstet.

In dem Moment sah ich die weißen Ohrstöpsel, die ihre langen braunen Haare bis jetzt verborgen hatten.

»Naja, belauschen wäre wohl die falsche Formulierung, denn Sie plärren ja Ihr Privatleben einmal quer durch den Supermarkt.«

»Wart mal, Kathi, hier ist so ein Typ, der mich vollquatscht.« Sie nahm einen Ohrstöpsel aus dem Ohr. »Haben Sie ein Problem?«

Ich antwortete immer noch höflich: »Nein, gerade nicht, aber bei Ihnen ist es wohl so, dass Sie Ihre sexuelle Frustration über einen Partnerwechsel zu einem gewissen Achim nachdenken lässt, oder?«

»Arschloch!«, rief die Frau, die eine Dose Kokosmilch in ihrer linken Hand hielt.

Ich griff mir einen Staudensellerie, um auf einen möglichen Dosenangriff vorbereitet zu sein. In meinem Kopf hörte ich eine Ennio-Morricone-Melodie. Um uns herum bewegte sich das Leben in Zeitlupe. Wir schauten uns lange in die Augen, dann machte die Frau »Pah!«, setzte ihren Ohrstöpsel wieder ein, stellte ihre Dose auf das Fließband zurück und redete munter weiter mit Kathi über Achim.

Ich ging vorsichtig rückwärts, bis ich bei dem netten Mann an der Kasse angekommen war. Er hatte ein Headset auf und sprach gerade mit seiner Kollegin über das falsche Ablaufdatum der Sojamilch. Alle telefonieren, und zwar immer. Und ich kann das hören. Viele nehmen das wohl nicht wahr. Ich schon, und wie viel Speicherplatz in meinem Hirn unnötig mit diesen Information belegt wird, beängstigt mich. Aber da muss ich wohl das nächste Jahrhundert lang durch.

Während mein Geld in die Kasse des Supermarkts wanderte, winkte ich zum Abschied der Telefon-Dame, die mir darauf den Stinkefinger zeigte.

»Viel Spaß, Achim.«

# BOYFRIENDLOOK

Vor ein paar Monaten habe ich noch darüber geschmunzelt, wenn meine Frau sich ab und zu beschwerte, dass unsere zwei Töchter in ihrem Kleiderschrank auf Beutezug gegangen waren. Aber seit Neuestem scheint auch mein Wäscheabteil das Interesse der beiden geweckt zu haben. Immer häufiger suche ich vergeblich nach wichtigen Bestandteilen meines Kleidungssortiments, wie z. B. *Star-Wars-*, *Rocky-* oder *Jurassic-Park-*T-Shirts. Sogar meine Pullis scheinen ein unverzichtbares Puzzleteil in der ausgeklügelten Ankleidestrategie meiner Töchter geworden zu sein. Ich finde ja, sie sehen darin aus, als wäre ein Ein-Mann-Zelt über ihrem Kopf zusammengekracht, aber ich bin auch schon alt. Es handelt sich hierbei um den Boyfriendlook, das weiß ich. Nicht Papalook, nein, Digger, das wäre schwer uncool, Boyfriendlook. Aber sollten sie sich dann nicht auch gefälligst einen Boyfriend suchen, der ihnen die Klamotten leiht? Ich besitze nicht so viele Kleidungsstücke, dass ich damit verschwenderisch umgehen könnte. Und wenn mein Wäschehaufen in der Dringlichkeits-Reihenfolge im Laufe der Woche immer wieder nach hinten verlegt wird, kann es für mich schon mal eng werden – und zwar im wahrsten Sinne des Wortes, weil ich dann auf Anziehsachen zurückgreifen muss, aus denen ich im Laufe der letzten Jahre, sagen wir mal, herausgewachsen bin. Da sind dann schon mal ein paar T-Shirts dabei, bei denen ich bauchfrei dastehe, wenn ich mich nach oben strecke. Wer jetzt sagt, diese Kleidungsstücke könnte man wegschmeißen, versteht nichts vom Retro-Charme eines ausgewaschenen, mit Löchern gespickten *Motörhead-*

oder *Iron-Maiden*-Shirts. So ein Schmuckstück kann man nicht einfach wegschmeißen, so ein T-Shirt muss sich am Körper auflösen. »Das Ding besteht ja nur noch aus Löchern«, hielt mir meine Frau letzte Woche vor. Auf meine Verteidigung, dass es sich dabei um ein atmungsaktives T-Shirt handeln würde, runzelte sie nur die Stirn. Im Gegensatz zu meiner Frau finden meine Töchter diese Heavy-Metal-Tour-Shirts anscheinend äußerst interessant. Was mich daran stört, ist, dass sie von diesen Bands nicht einen einzigen Song kennen und sich auch nicht die Mühe machen, wenn sie schon deren Logos durch die Welt tragen, ein bisschen besser informiert zu sein. Sie kennen weder »Bomber« oder »Ace of Spades« von *Motörhead* noch »Fear of the Dark« oder »666 the number of the beast« von *Iron Maiden*. Und den All-Time-Klassiker »Run to the hills« halten sie wahrscheinlich für einen Song über einen Bergausflug.

Morgen werde ich eine Familiensitzung einberufen und das Thema »Meine Kleider – Deine Kleider« sowie »Musikalisches Grundwissen« auf den Besprechungsplan setzen. Wobei ich zugeben muss, dass meine Autorität bei den Familiensitzungen in letzter Zeit deutlich schwindet – trotzdem werde ich diesmal hart durchgreifen. Zu Beginn des Treffens werde ich einen Heavy-Metal-Klassiker in Stadionlautstärke laufen lassen, um sie zu schwächen. Danach werden sie hoffentlich empfänglicher für meine Ermahnungen sein.

# TIROLER BERGKÄSE

Ich hatte Freunde in Österreich besucht und war auf der Rückreise, als ich an der deutschen Grenze herausgewunken wurde. Der Mann mit der Maschinenpistole machte eine schneidige Geste. Ich folgte der Anweisung und fuhr nach rechts in die zugewiesene Parkposition.

Diese Episode ereignete sich vor gut sieben Jahren, als der Bundesgrenzschutz meinte, Deutschland vehement vor dem bösen Flüchtling verteidigen zu müssen. Ich war damals wie heute extrem verwundert, dass ich mit meinem Fahrzeug als möglicher Schleuser eingestuft wurde. Vor mir waren zwei Kleinbusse und ein Lieferwagen über die Grenze gefahren. In mein Auto konnte man hineinsehen, es besaß nicht einmal eine Heckabdeckung. Sollte ich den Syrer im Sitz eingenäht haben? Ich war verwirrt, aber nicht grantig, noch nicht.

Der Wachposten kam zügig an mein Fenster und machte eine filmreife »Fenster-runter«-Geste aus der Zeit, als die Autos noch keine automatischen Fensterheber hatten. Ich musste schmunzeln, folgte aber brav der Anweisung. Als ich das Fenster mit meinem linken Zeigefinger geöffnet hatte, verzog er das Gesicht und wich zurück. Der Grund war mir sofort klar. In meinem Auto befanden sich die üblichen Mitbringsel aus Tirol, darunter ein sehr kräftiger Bergkäse, den mir mein Freund kurz vor der Abfahrt überreicht hatte. Und an einem warmen Nachmittag im Juni, nach einer guten Stunde Autofahrt, konnte so ein Prachtexemplar Tiroler Käser-Kunst schon eine gewisse Wucht entwickeln. Bevor ich mich für den Duft entschuldigen konnte, fragte mich der Uniformierte: »Was haben Sie dabei?«

Ich antwortete wahrheitsgetreu: »Speck und Käse.« Er kniff die Augen leicht zusammen, als würde er mir nicht glauben, dann schaute er nach hinten und rief: »Jürgen!« Anscheinend war für Lebensmittel ein anderer Grenzbeamter zuständig als für Flüchtlinge. Zu meiner Überraschung hieß aber nicht der Kollege Jürgen, sondern der von ihm mitgeführte Vierbeiner: Jürgen war ein Drogenhund. Die Männer stellten mir das Prachtexemplar von einem Deutschen Schäferhund vor. Ich grüßte ihn freundlich, doch Jürgen verzog keine Miene – Profi halt. Ich wurde angewiesen, die Heckklappe zu öffnen. Ich hob die Hand, um Einspruch einzulegen, alle drei schauten mich streng an.

»Ich wollte nur noch mal sagen, dass sich in meinem Kofferraum ein Stück Speck befindet.« Ich deutete auf Jürgen, der meiner Wahrnehmung nach bei dem Wort Speck leicht gesabbert hatte. Doch die Antwort der Polizisten war klar und deutlich. Sie erklärten mir, dass es sich beim Jürgen um einen absoluten Profi handele, der sich von so etwas Banalem wie Speck nicht von seiner Arbeit ablenken lasse. Jürgen nickte.

»Es ist aber ein sehr guter Speck!« Ich startete noch einen Versuch der Warnung, doch der wurde komplett ignoriert.

Ich machte diese Bemerkung ja nur, da mir eine Begebenheit vom Münchner Nockherberg einfiel. Zu der Zeit, als ich dort beim alljährlichen Singspiel, bei der Salvator Probe, mitwirkte, wurde jedes Mal, bevor die Politiker den großen Festsaal betraten, ein Kollege vom Jürgen, ein Bombenhund, durch den Saal geschickt, um den Raum auf mögliche Sprengsätze zu untersuchen. Einmal bot ich der tierischen Fachkraft ein Wienerl aus meiner Brotzeitbox an, woraufhin ich von seinem Hundeführer streng ermahnt wurde. So eine Fütterung würde seine Arbeitsmoral total untergraben, weil er erst als Belohnung für getane Dienste ein Leckerli bekäme.

Ungerührt von meiner Warnung gingen die drei Beamten am deutsch-österreichischen Grenzübergang zügigen Schrittes hinter mein Auto. Ich öffnete, wie angewiesen, die Heckklappe. Jürgen bekam seinen Suchbefehl. Es dauert geschätzte 2,5 Sekunden, bis der Profi den Speck aus der Tüte rupfte und gierig anfing, ihn zu verspeisen. Er war glücklich. Die beiden Herren neben mir nicht. Sie schauten mich streng an. »Was? Ich habe es Ihnen doch gesagt!« Ich war mir keiner Schuld bewusst. Die Beamten knurrten. Jürgen schmatzte. Ohne ein weiteres Wort bekam ich die Erlaubnis, meine Fahrt fortzusetzen, da der Profi nach seinem Festmahl zu keinem erneuten Sucheinsatz fähig war und sich erst mal hinlegen musste.

Auf meine Frage, wer mir denn den Speck ersetzen würde, bekam ich keine Antwort, nur einen Wink mit der Maschinenpistole. Ich fuhr über die Grenze und direkt zum Metzger Pfeiffer in Oberaudorf. Meine Familie erkannte nicht, dass es sich bei dem mitgebrachten Speck um einen Inländer und nicht um einen Ausländer handelte. Es war ihnen egal.

Der Bayrische Staat schuldet mir aber immer noch, seit gut sechs Jahren, ein ordentliches Stück Tiroler Speck. Morgen werde ich den Ministerpräsidenten anrufen.

## EINGELEGTE FRÜCHTE

Meine Schwiegereltern kommen aus Sachsen. Ich mag sie. Es gibt nur eine Sache, die eine echte Belastung für unsere Beziehung darstellt: Und nein, es ist nicht der Dialekt, den mag ich auch. Es ist die Tatsache, dass sie zu besonderen Anlässen, wie Weihnachten, Silvester, Geburtstagen (auch der Meerschweinchen), Feiertagen, Schulanfängen, Schulabschlüssen, bestandenen Prüfungen, Fasching, etc., etc., also sehr oft, eine von ihnen geliebte Spezialität mitbringen. Es handelt sich dabei um Bowle. Ich bin dem Alkohol nicht abgeneigt, aber dieses Getränk verstehe ich nicht. Es führt bei mir zu Kopfweh, Sodbrennen, Schwindel und Gedächtnisverlust. Wein und Sekt zu mischen, scheint mir keine gute Idee zu sein. Es gibt auch nur sehr wenige Kulturkreise auf dem Planeten, in denen dieser Brauch ebenfalls ein fester Bestandteil der Feierkultur ist. Auch scheint es nicht möglich zu sein, dieses Getränk in kleinen Dosen zu brauen. Meine Schwiegereltern kommen regelmäßig mit einem riesigen Topf dieser Spezialität in unsere Wohnung und beanspruchen sehr viel Platz und Aufmerksamkeit dafür. Wie ein Druide präsentiert mein Schwiegervater seinen Zaubertrank und vollendet ihn erst kurz vor der Verkostung bei uns in der Küche. Zuschauer sind erwünscht. Nur feinste Zutaten dürfen in den Topf. Da wird nicht gespart, das machen nur die Amateure. Nicht, dass noch jemand Kopfweh, Sodbrennen, Schwindel oder Gedächtnisverlust erleidet. Ich nicke dann immer ängstlich und versuche, eine Ausrede zu finden. Doch keine, und sei sie noch so dramatisch, wurde bis jetzt akzeptiert. Selbst Krankheiten soll das Wundermittel heilen können. Ich kann diese Behauptung nicht bestätigen. Mit der eigens mitgebrachten Spezialausrüstung werden dann die Spezialbecher befüllt. Aus normalen Gläsern eine Bowle zu trinken, würde anscheinend die Zauberkraft mindern. Menschen, die dies machen, werden von meinen Schwiegereltern als Amateure bezeichnet.

»Die Früchte, Stephan, du musst die Früchte essen!«, das ist der Satz meiner Schwiegermutter, der immer kommt und vor dem ich immer Angst habe, denn diese besagten Früchte werden eine Woche in Brennspiritus eingelegt, das halten der Magen und die Seele eines Wessis nicht aus. »Das ist das Beste, gib dein Glas her, ich füll dir welche ein!« Widerspruch ist zwecklos. In großen Mengen werden Himbeeren, Pfirsiche, Ananas und eine Frucht, die es in Westdeutschland gar nicht gibt, in mein Gefäß dekantiert. Unter genauer Kontrolle meiner Schwiegermutter zerkaue ich diese Geschmackssinfonie und schlucke sie hinunter. Innerhalb von wenigen Sekunden bildet sich ein leichter Schweißfilm auf meiner Stirn. Der einsetzende Schüttelfrost wird von meinen Schwiegereltern als positives Signal des Körpers interpretiert. Meine Frau, ihres Zeichens Ärztin, hält sich, auch nach Aufforderung meiner Person, mit Interpretationen und Diagnosen meines Zustands lächelnd zurück. Gelegentlich habe ich sogar das Gefühl, sie genießt es, mich so zu sehen. Und dann kommt das Hinterhältige dieses Getränks. Nach ein paar Minuten klingen die ersten Anzeichen einer Vergiftung ab, und es setzt eine Art Trancezustand ein. Als Rausch würde ich diese Phase nicht bezeichnen, eher als Versuch des Körpers, besonders wertvolle Teile des Gehirns vor einer Dauerschädigung zu schützen. Es stellt sich eine kindliche Heiterkeit ein, und großer Durst, der natürlich nur mit mehr Bowle gelöscht werden kann. Das zweite Glas geht leichter hinunter, fordert aber jedes Mal meinen Magen zum Kampfe heraus, den dieser mit regelmäßiger Sicherheit verliert. Ein paar Milliliter Bowle widersetzen sich dann der Schwerkraft und arbeiten sich die Speiseröhre hinauf. Das Sodbrennen wird aber von der überlagernden kindlichen Heiterkeit als Sinnestäuschung abgetan. Dann setzen die Bilder ein. Vor meinen Augen tauchen bruchstückhaft Szenen aus meiner Kindheit auf. Ich lache laut. In dieser Phase werden sehr gerne Fotos von mir gemacht. Was mich daran immer wieder erstaunt, ist die Farbe meines Kopfes, die man nur mit Rot beschreiben kann. Dann kommt der Zusammenbruch. Oft weine ich. Was von allen Familienmitgliedern als Scherz aufgenommen wird, und dem Schauspieler wird Applaus gezollt. Um meinen Körper und meine Seele zu beruhigen, greife ich dann zu altbekannten Hausmitteln, also einer Substanz, die mein Körper seit Jahrzehnten wunderbar verträgt: Bier. Und das Bier hilft. Es neutralisiert die giftigen Stoffe der Bowle. Bilder, Schweiß, Sodbrennen verschwinden für ein paar Stunden. Der nächste Morgen ist ein anderes Thema. Arbeiten ist nur schwer möglich. Die Couch ist dann mein bester Freund. Und auf eben dieser Reha-Couch habe ich einen Artikel auf der REWE-Internetseite über eine Bier-Bowle gelesen. Vielleicht ist das die Lösung:

- 250 ml Beste Wahl Himbeersirup
- 1.5 l Weizenbier
- 500 g Beste Wahl TK Himbeeren
- 1 Flasche Rosé Sekt (750 ml)

Ich bin mir nicht sicher, ob ich diesen Versuch wagen soll. Es wäre der spektakulärste Vereinigungsversuch zwischen Bayern und Sachsen seit dem Mauerfall.

## EIN EHEPAAR LÄUFT FÜR EINEN GUTEN ZWECK

Meine Frau und ich standen inmitten von Tausenden Läuferinnen und Läufern auf der Blumenstraße in München. Es war kurz vor elf, das Wetter ordentlich und wir waren durchschnittlich motiviert, aber nüchtern. Der Anlass war ein guter. Das Bellevue di Monaco hatte zu einem Lauf für den Frieden aufgerufen. Da Frieden nie schaden kann und ein bissl Sport am Sonntagmorgen auch nicht, dehnten wir unsere Muskeln zwischen Menschen, die hoch motiviert aussahen. Einfach nur so rumstehen und warten, war anscheinend zu wenig. Bei vielen schien der Benefizlauf doch einen gewissen Ehrgeiz hervorzurufen. Fast alle trugen Uhren am Handgelenk, die sich bei genauerer Betrachtung als Fitnesschronometer entpuppten. Das war kein gutes Zeichen. Meine alten Adidas-Turnschuhe wurden von den meisten mit ultra-leichten High-Tech-Laufschuhen ausgestatteten Teilnehmern nur müde belächelt. Ich dachte, um ehrlich zu sein, dass es sich bei dem Lauf um eine Art schnelles Gehen mit Ratschen handeln würde, bei dem man dann irgendwann fast zufällig über die Ziellinie ginge. 4,8 Kilometer sind kein Kinderspiel, und außerdem hatte man ja noch einen Rest-Tag vor sich. Wir warteten auf den Startschuss, der nicht kam, da uns erklärt wurde, das würde sich bei einem »Lauf für den Frieden« nicht gehören. Also zählten wir von fünf nach unten. Bei null angelangt, rief ich laut »Peng«, was von den Umstehenden, inklusive meiner Frau, mit einem Kopfschütteln kommentiert wurde. Schließlich setzte sich die Masse ohne weitere Störungen in Bewegung. Schon auf den ersten Metern verspürte ich eine gewisse Spannung im Teilnehmerfeld. An uns drängten sich etliche übermotivierte Freizeitsportler vorbei, schüttelten genervt den Kopf oder sprangen sogar über Absperrungen, um schneller ans Ziel zu gelangen. Ich fragte meine Frau, ob für den ersten Platz ein Preisgeld ausgerufen worden wäre, doch sie antwortete nicht. Zuerst dachte ich, es ginge ihr nicht gut. Wir hatten am Abend zuvor ein wildes asiatisches Gericht zu uns genommen, das immer noch ordentlich in meinem Bauch arbeitete. Vielleicht hatte sie ja das gleiche Problem. Aber nein, dem war nicht so. Ohne mich anzuschauen, sagte sie: »Die laufen alle schneller als wir.« Das stimmte nicht, denn gerade hatten wir eine Rollstuhlfahrerin überholt und waren justament im Begriff, auf eine Gruppe des Senioren-Stifts Germering aufzuschließen, die alle in gleiche silberne T-Shirts gehüllt waren. Sie wirkten auf mich wie ein Schwarm Thunfische. Meine Frau wiederholte ihre Aussage. Ihr Ton hatte eine leichte Gereiztheit: »Die überholen uns alle.« Da ich nicht schneller laufen wollte, sagte ich: »Dann gibt halt a bissl Gas, und wir treffen uns am Ziel.« Doch das war überhaupt nicht in ihrem Sinne, denn sie erklärte mir, dass wir diesen Lauf ja zusammen machen wollten. Das stimmte natürlich, aber wenn bei der Tour de France ein Fahrer eines Teams bei der Erklimmung eines Alpengipfels nicht mehr kann, wird er von seinem Teamchef ja auch nicht in den Tod gehetzt, sondern darf sich nach getaner Arbeit zurückfallen lassen, um am nächsten Tag wieder einsatzfähig zu sein. Diese, wie ich fand, gar nicht so schlechte Erklärung ließ meine Frau nicht gelten. Langsam, aber sicher beschleunigte sie. Missmutig erhöhte ich ebenfalls mein Tempo und hielt Kontakt. Ein paar Sekunden, nachdem ich aufgeschlossen hatte, gab sie dann noch mal ein bissl mehr Gas und warf mir einen aufmunternden Blick zu. *So… schaut man Schlachtvieh an*, dachte ich mir, wollte mir aber keine Blöße geben. Sichtlich zufrieden mit unserem Tempo lief meine Frau locker einen knappen halben Meter vor mir her, und ich hielt den Abstand konstant, wenn auch schwer atmend. Das Ganze ging eine Weile gut, bis ein junger Mann mich überholte, beziehungsweise mich böse von rechts schnitt, was in mir einen alten, tief verwurzelten Fußballerreflex auslöste. Mein rechter Fuß ging im Lauf weiter nach vorne als nötig und touchierte leicht die Hacken des Benefizlauf-Rowdys. Man könnte auch sagen, ich hätte ihm fies ein Bein gestellt, doch da müsste man den Mann im Kölner Keller um einen Videobeweis bitten. Der junge Mann strauchelte und driftete in die Laufgruppe des Senioren-Stifts Germering, was bei seinem Einschlag zu einer beeindruckenden Kettenreaktion führte. Meine Frau sah mich an. Ich schüttelte den Kopf. Die fallenden Senioren lösten eine Welle der Zerstörung aus, die ihren lautstarken Schlusspunkt in einer Trommlerinnengruppe fand. Die Hausfrauen hatten sich an der Ecke Karl-Scharnagel-Ring/Maximilianstraße aufgebaut und versuchten, eine Art Rhythmus zu erzeugen, der nur mit viel Wohlwollen an Musik erinnerte. Die fallenden Germeringer Senioren beendeten die Trommlerei schlagartig. Ich hatte ein schlechtes Gewissen und wollte dem jungen Mann aufhelfen, den ich gefoult hatte, doch meine Frau war vollkommen auf den Schlussspurt fixiert. Als ich mein Tempo verlangsamte, wedelte sie wild mit der Hand und zischte: »Komm, weiter, weiter!« Ich gehorchte. Auf Höhe des Isartors schaltete sie dann noch einen Gang höher, und ich hatte Probleme mit ihr Schritt zu halten. Zu allem Überfluss machte meine Wade zu. Magnesiummangel, Übersäuerung oder schlichtweg fehlendes Training führten zu diesem muskulären Ausfall, was meine Frau nicht interessierte. Ihre Geschwindigkeit war beeindruckend. Ich hinkte hinterher, verlor sie aber schließlich auf Höhe des Viktualienmarktes aus den Augen. Mit letzter Kraft erreichte ich die Ziellinie. Nach ein paar Sekunden des Schwindels und der Orientierungslosigkeit entdeckte ich meine Ehefrau, die gerade, sie fühlte sich anscheinend unbeobachtet, aus ihrer Laufjacke eine kleine Uhr zog und die Zeit kontrolliert. Sie nickte, ballte die Faust und rief: »Yes!« Als sie mich sah, verschwand die Uhr wieder blitzschnell in ihrem Versteck. »Ah, da bist du ja, Schatz … auf einmal warst du weg… du hast dich sehr gut geschlagen«, log meine Frau lächelnd. Irgendwie fand ich sie in diesem Moment unheimlich sexy. Als wir gerade unser Gratiswasser entgegennahmen, kam der junge Mann, der so unglücklich gestürzt war, ins Ziel. Er fixierte mich streng. Ich schüttelte unschuldig den Kopf und deutete auf meine Frau, die mich glücklicherweise genau in dem Moment an der Hand nahm, um uns zügig in Richtung des roten Feuerwehrhauses zu bugsieren, wo wir unsere Fahrräder abgestellt hatten. Anscheinend hatte mein läuferischer Einsatz Eindruck gemacht, und ich hoffte auf eine Belohnung, die sich später als isotonisches Getränk entpuppen sollte. Na ja, man kann nicht immer gewinnen.

# NEUE AUTOS

Da stand er: weiß wie die Unschuld, neu, sauber, startbereit. Mein Mietauto für den Urlaub in Frankreich wurde mir mit einer lockeren Handbewegung und einem lässigen Schlüsselwurf am Flughafen von Marseille übergeben. Der Mann mit der Sonnenbrille erklärte mir auf Französisch alle Details, die ich über dieses Wunderwerk der Technik wissen musste. Leider spreche ich kein Französisch. Für einen Restaurantbesuch reicht es gerade noch so, aber für technische Einweisungen, die das Überleben der Familie sichern sollten, war es absolut ungenügend. Dennoch passte ich mich der südfranzösischen Lockerheit an und sagte sehr oft Ja, natürlich auf Französisch. Mit einem kurzen Griff an seine Kappe verabschiedete sich der Mann und lächelte meiner Frau zu, Franzose halt. Den Kofferraum des Fahrzeugs konnte ich noch ohne Komplikationen öffnen, einsteigen ließ uns das Auto auch, doch dann begannen schon die ersten Probleme. Es gab keinen richtigen Schlüssel und demzufolge auch kein Zündschloss. Zum Glück sah ich den Knopf rechts hinter dem Lenkrad, auf dem »Start« stand. Ich trat auf die Bremse und betätigte den Startknopf, doch es rührte sich nichts, außer dass sich hinter meinem Lenkrad eine wahre Bilderflut entwickelte, genauso auf dem Touchscreen neben mir, der sich über der Mittelkonsole befand. Ich kam mir vor wie bei einem Kinobesuch und rechnete in den nächsten Sekunden mit dem Beginn von *Indiana Jones 5* oder *Oppenheimer*. Doch das blieb aus. Auf dem Display stand nun »READY«. Das ist doch fein, dachte ich mir, dass jetzt alle für die Abreise bereit waren. Ich begann mit dem Ausparkvorgang. Mein Fahrzeug schien damit aber überhaupt nicht einverstanden, denn es piepte so, als wollte ich die Kronjuwelen aus dem Louvre stehlen. Meine Frau sah mich fragend an, doch ich konnte keinen Fehler entdecken. Wir waren, für mein Gefühl, ewig weit von allen möglichen Randsteinen, Schildern, Passanten, Pflanzen und Hunden entfernt, die uns gefährlich werden konnten. Das Auto sah das anders. Hinten links, in einem guten Meter Abstand, drohte das Schild der Autoverleihfirma zerstörerisch in unser Heck zu springen. Wer dieses Schild nicht sehen konnte, sollte schleunigst aus dem Fahrzeug steigen, seinen Führerschein verbrennen und sich in eine Augenklinik einweisen lassen. Vielleicht war es ein Auto für Menschen mit Sehschwäche oder Blinde. Ich ignorierte das Piepen und Blinken, drehte mich auf dem Sitz nach hinten, alte Schule halt, und fuhr rückwärts, aber nicht lang, weil das Auto von alleine stoppte. »Fick dich!«, entfuhr es mir lautstark. Da war noch mindestens ein halber Meter Platz. *Wer ist hier der Chef, du oder ich?*, dachte ich mir und gab Gas, aber es rührte sich nichts. Sofort kamen diverse hilfreiche Tipps von meiner Tochter und meiner Frau, die ich schweigend entgegennahm. Aus ein paar Metern Entfernung gab mir der französische Mann der Autoverleihfirma einen Daumen nach oben. Ich erwiderte den Gruß und fluchte leise, dann konzentrierte ich mich auf die Linien des Bildschirms. Anscheinend war das Auto milde gestimmt und zeigte mir einen Weg aus meiner Notlage. Es gab graue, gelbe, rote und grüne Linien. So musste es sein, wenn man einen Jumbojet landete. Ich orientierte mich an den grünen Hilfsmarken und parkte in schlappen 48 Zügen aus. Das dauerte nur knappe vier Minuten, dafür piepte nichts. Meine Familie war zufrieden, das Auto auch. Der Weg auf die Autobahn verlief ohne Widerspruch. Mann und Maschine wurden langsam eins, bis es wieder wild hinter meinem Lenkrad blinkte. Was wollte mir die Maschine sagen? Es dauerte ein paar Augenblicke, bis ich die Lage begriff. Ich fuhr sage und schreibe fünf km/h zu schnell. Jeder auf dieser südfranzösischen Autobahn fuhr zu schnell.

Was fiel dieser Kiste ein, dermaßen aufdringlich zu blinken? Und das Warnsignal wurde immer größer und das Blinken immer schlimmer. Ich verlangsamte das Tempo und wurde links von einem elektrischen Rollstuhl überholt. Meine Frau sprach die weisen Worte, dass wir uns ja im Urlaub befanden. Es würde nichts eilen und ich sollte mich entspannen. Ich gab ihr recht und ignorierte die Pferdekutsche, die uns rechts überholte. Plötzlich ruckelte mein Lenkrad. Ich rechnete mit einem Platten. Wieder fluchte ich. Meine Teenager-Tochter ermahnte mich, die Etikette zu wahren. Das war ziemlich lustig, da sie ständig irgendwelche random versauten Wörter gebrauchte, die zwar keinen Sinn machten, aber in ihren Ohren cool klagen. »Das ist der Spurhalte-Assistent.« Meine Frau gab mir wieder Tipps. In meinem Auto in Deutschland hatte ich keinen Gehilfen, der mich ermahnte, nicht zu weit rechts oder zu weit links zu fahren, und meine fast blütenweiße Unfallstatistik zeugte davon, dass ich anscheinend ganz ordentlich geradeaus fahren konnte. Wieder ruckelte mein Lenkrad. Das war doch Scheiße. Nur weil ich mich nach Meinung meines Gschafftlhuber-Fahrzeugs einen Millimeter zu weit rechts befand, wackelte es mit seinem Lenkrad. Wenn ich noch weiter rüberfahren würde, bekäme ich wahrscheinlich einen Stromschlag – die berühmte südfranzösische Autofolter, die von der Fremdenlegion entwickelt wurde, um Terroristen zum Sprechen zu bringen. Ich war Urlauber. Fühlte mich aber gerade überhaupt nicht so. Meine Frau bemerkte mein Unbehagen und begann ein Gespräch über französisches Essen, das mich schnell beruhigte. Wir redeten über Wein, Baguette, Entrecôte, Butter, Croissants und diverses Meeresgetier, als ein Art Klingelton erklang. Ich rechnete damit, die Stimme Gottes zu hören, doch das Riesendisplay lieferte eine weltliche Erklärung. Den Klingelton verdankte ich dem Aufmerksamkeits-Assistenten, dem ich anscheinend zu oft zu meiner Frau geschaut hatte. Dieser Typ war mit Sicherheit nicht verheiratet. Es blieben mir also zwei Möglichkeiten für die nächsten zwei Wochen: Entweder der Aufmerksamkeits-Assistent belästigte mich, oder meine Frau belästigte mich nicht. Ich fuhr auf einen Parkplatz. Das Handbuch war dick, dennoch war ich entschlossen, mir mein Liebesleben nicht von einem Mietauto vermiesen zu lassen. Wir kauften leckeres Baguette und Käse, die einem wieder einmal zeigten, dass es auf Autobahnraststätten in anderen Ländern tatsächlich essbare Lebensmittel gab, setzten uns in den Schatten und studierten das Handbuch. Meine Tochter erwies sich als furchteinflößend hilfreich, was das Umgehen von Sicherheitsprogrammen betraf. Nach zwanzig Minuten hatten wir am Touchscreen das Schlimmste abgeschaltet, und siehe da, das Auto ließ uns trotzdem losfahren. Nichts blinkte, nichts piepte, nichts rüttelte. Ich freute mich so, dass ich beim Ausparken einen Mülleimer rammte. Die Franzosen um uns herum lachten, nicht aus Schadenfreude, nein, bei ihnen hatte das Auto einfach nicht den deutschen heiligen Status. Mir war es auch egal, da ich mir von der netten Frau am Schalter der Autovermietung noch das Voll-Power-Vollkasko-Sündhaft-Teuer-Paket hatte aufschwatzen lassen. Außerdem fanden wir ein paar Tage später heraus, dass der weiße Nagellack meiner Tochter genau den gleichen Farbton des Autos besaß. Wir besserten damit ein paar von den Vormietern verursachte Lackschäden aus. Vielleicht bekamen wir noch etwas Geld zurück, man weiß ja nie. Der Rest des Urlaubs verlief unfallfrei, also für französische Verhältnisse.

# DIE LEGENDÄRE BEERDIGUNG VOM METZGERMEISTER FROHMAIER

»Und? Wie wollen Sie's?«, kam die Frage aus dem Hintergrund.

»Wie bitte?« Ich drehte mich um.

»Na, wollen Sie im Ganzen unter die Erde oder soll man Sie verbrennen?«

Ich wusste keine Antwort. Um ehrlich zu sein, hatte ich mir darüber noch nie Gedanken gemacht. Mein Gegenüber schien dies zu ahnen.

»Verstehe, da habens noch nicht drüber sinniert, gell. Das solltens aber machen, weil tot ist man gleich.«

»Da haben Sie recht«, antwortete ich und machte den Reißverschluss meiner Jacke zu. Langsam ging die Sonne hinter den Häusern unter. Es wurde kühler.

»Wer sind Sie, wenn ich fragen darf?«

»Ich? Ich bin der Herr Schwan. Ich bin Friedhofsgärtner.« Er winkte ab. »Vor mir brauchens aber keine Angst haben.«

»Nein, nein, Angst hab ich keine, aber Sie sind schon, wenn ich das sagen darf, eine ganz schöne Erscheinung.«

Dazu muss man erwähnen, dass vor mir ein bestimmt zwei Meter großer, ungefähr sechzig Jahre alter Mann stand, der eine Art Overall an hatte, damit aber sehr stilvoll aussah. Er war, so gut man es erahnen konnte, ziemlich sportlich. Wenn er seine Oberarme bewegte, zeichnete sich sein Bizeps deutlich unter der Kleidung ab. Zudem trug er eine Mütze mit einem 1860-München-Logo.

»Ja, ja, ja, bei uns in der Familie sind sie alle nicht klein, aber ich bin noch mal a bissl oben raus geschossen. Mein Vater hat immer gesagt, ich soll das Wachsen aufhören, weil da oben die Luft dünn wird. Der hat sich übrigens derschossen.«

»Oh, das tut mir leid.« Ich war überrascht von der Aussage.

»Das muss Ihnen nicht leidtun. Er war ein Depp.« Damit spuckte er auf den Gehweg.

Ich sagte nichts darauf, weil ich ja weder den Herrn Schwan noch seinen Vater richtig kannte.

»Und wie finden Sie's?« Herr Schwan deutete auf das Grab vor uns.

»Schön. Haben Sie das gemacht?«

Herr Schwan kam neben mich.

»Selbstverständlich, die Kombination von Rosen, Gerbera Aurantiaca und blasser Callas ist meine Spezialität. Sie harmoniert wundervoll mit der Schlichtheit des Kranzes und verleiht dem Grab des Hinterbliebenen eine gewisse Größe und Würde, ohne dabei Kraft zu verlieren.« In seiner Stimme schwang ein gehöriger Stolz.

Ich stimmte ihm wortlos zu.

Er sprach weiter: »Das Gesteck erinnert mich an die Beerdigung vom Metzgermeister Frohmaier in Trudering. Das war vor … Moment, lassens mich nicht lügen … das war vor, gut sechs Jahren. Da hatten wir in das Gesteck noch kleine Salamibrezeln eingearbeitet, ohne dabei ins Proletarische abzurutschen. Das war a tolle Arbeit. Ich erinnere mich noch gut, weil auf der Beerdigung vom Frohmaier der Chor der Metzgerinnung so schön gesungen hat.« Er fing an zu lachen.

Ich sah ihn fragend an.

»Na, weil beim Frohmaier der Chor so schön gesungen hat, deshalb lache ich. Es wäre ja Mist gewesen, wenn der Chor traurig gesungen hätte, bei dem Nachnamen, verstehens, Frohmaier?« Bei seinen Ausführungen kam er immer mehr ins Lachen, sodass es ihm am Ende das Wasser in die Augen trieb.

»Sie mögen Ihren Beruf, oder?«

»Beruf kommt von Berufung.« Er trocknete sich mit einem Stofftaschentuch die Tränen.

»Ich glaube, ich möchte, also wenn's so weit ist, verbrannt werden«, sagte ich zu meinem Nebenmann.

»Aha«, kam es kurz und etwas abschätzig.

»Was heißt, aha?«

»Mei, verbrennen … das passt schon, aber mir sind halt Beerdigungen mit einem richtigen Sarg lieber.« Er zuckte mit den Schultern.

»Weil Sie dann mehr verdienen?«, wollte ich wissen.

»Nein, nicht unbedingt. Das kommt immer drauf an. Wenns Lust haben, gehens darüber.« Er deutete Richtung Südeingang. »Da ist eine saubere Urnenbeisetzung. Schaut sehr gut aus.«

»Verstehe«, sagte ich, um irgendetwas zu sagen.

»Mir geht's um die Show«, fuhr er fort, »nicht, dass Sie mich falsch verstehen, Show meine ich nicht despektierlich. Nein, nein, nein, der Ablauf bei einer Sargbestattung gefällt mir halt besser. Morgen, wenns Zeit haben, kommens vorbei, da lassen wir einen Gestopften runter. Das wird Ihnen gefallen.«

»Ich kann doch nicht einfach so auf eine Beerdigung gehen, bei der ich den Toten gar nicht kenne.«

»Ah, freilich, das machen viele.« Damit schloss er den Reißverschluss von seinem Overall. Auch ihm wurde kalt. Der aufkommende Wind ging einem ganz schön in die Knochen. Die Sonne war jetzt ganz weg.

Wir, also der Herr Schwan und ich, standen auf dem Ostfriedhof in Obergiesing. Ich hatte meine Tochter zu einer Gesangslehrerin in die St.-Martin-Straße gefahren. Wir, und ich sage bewusst wir, hatten schon ziemlich viel ausprobiert, was den musikalischen Sektor betrifft: Gitarre, Klavier, so komisches Trommeln, diesmal war es Gesang. Um mir etwas die Zeit zu vertrödeln und die Wartezeit zu überbrücken, war ich auf den Ostfriedhof geschlendert. Die Probestunde, so hatte mir die ukrainische Opernsängerin gesagt, würde gut eine Stunde, also eine normale, keine Schulstunde, dauern. Das hatte sie dreimal wiederholt. Anscheinend war ihr das sehr wichtig. Gern wäre ich dabeigeblieben, um zu hören, wie meine Tochter sang, doch das macht man nicht. Auch wenn die warme Wohnung bestimmt ein besserer Platz zum Warten gewesen wäre als der zugige Friedhof. Aber ab und zu trifft man auf interessante Menschen, genau wie ich gerade, und da muss man halt mal ein bissl was aushalten.

»Es gehen also wirklich Leute auf eine fremde Beerdigung?« Das war eine ernst gemeinte Frage.

»Ja, selbstverständlich, was glauben Sie? Morgen, zum Beispiel, wenn da der Geldige eingegraben wird. Da würde ich schätzen, dass den gut ein Viertel nicht gekannt hat.«

»Krass.« Ich schaute mich auf dem Friedhof um und überlegte, ob es so eine Art Friedhoftourismus gab.

»Sind das dann alte Menschen, denen langweilig ist, oder die vielleicht einsam sind?«, wollte ich wissen.

»Mei, ganz unterschiedlich … beim Frohmaier damals, da waren schon sehr viele da, die ihn wirklich gekannt haben. Der war ja eine lokale Größe. Ein Metzger vom alten Schlag. Gut hundertzwanzig Kilo schwer, Hände, groß wie Bratpfannen, aber ein ganz ein sanftes Herz. Das hat ihn auch dann umgehauen.«

»Das sanfte Herz?«, fragte ich nach.

»Ja, das war halt so … gehen wir ein Stück, sonst frieren uns die Zehen ein.« Wir setzten uns in Bewegung. Und dann erzählte mir der Herr Schwan die Geschichte vom Metzgermeister Frohmaier in allen Einzelheiten. Ich kürze sie ein bissl ab, aber ich versuche, die wichtigsten Details zu erwähnen. Karl Frohmaier übernahm das Geschäft von seinem Vater Willy Frohmaier im Jahre 1999. Es lief gut und bald lernte er Gerlinde Blum kennen, die alle nur »Gerli« nannten. Sie arbeitete bei ihrem Vater, dem Umzugsexperten von München, Willy Blum, »Blum Transporte – wir transportieren alles«, und schmiss dort das Büro. Schnell heirateten sie, die Gerli bekam zwei Kinder, Justus und Korbinian, und alles schien wunderbar zu laufen, bis die Gerli eine Affäre mit dem Bäckermeister Holler anfing. Man weiß nicht, ob die Tatsache, dass ihr Liebhaber ausgerechnet ein Bäcker war, das Ganze noch schlimmer gemacht hat, auf alle Fälle brach die Fremdgeherei dem Frohmaier das Herz. Und beim Leberkäs machen, an einem Dienstag in der Früh, sind ihm dann die Lichter ausgegangen.

»Sind Sie verheiratet?« Herr Schwan schaute mich von der Seite an.

»Ja, seit fünfundzwanzig Jahren«, sagte ich stolz.

»Sehr gut, und?«

»Was und?«

»Haben Sie vor Ihrer Frau Geheimnisse?« Jetzt ging er schon ganz schön ins Detail, aber ich konnte ehrlich antworten: »Nein, habe ich nicht.«

Herr Schwan sagte nichts, sondern schaute nur.

»Was?« Ich war ein bissl genervt.

Immer noch kam kein Wort von ihm.

»Na gut, kleine Geheimnisse hab ich schon, aber nicht solche.«

»Wie klein?«

Ich schaute ihn streng an.

Er winkte mit beiden Händen ab. »Nein, nein, nicht, dass Sie mich falsch verstehen, Sie müssen mir nichts erzählen. Ich frag ja nur.«

Wir gingen ein paar Meter, ohne zu sprechen.

»Mei, ich hab zum Beispiel letzte Woche eine original Tasse von der Trauung von Prinz Charles und der Diana runtergeschmissen. Nicht, dass sie daran gehangen hätte, aber trotzdem. Das war ganz schön tollpatschig von mir. Und dann hab ich sie mit Sekundenkleber wieder zusammengepappt. Aber ich bin mir sicher, sie hat das eh schon gemerkt, sagt aber nix.«

»Ach, so klein meinen Sie.« Er nickte verständnisvoll.

Es gibt Menschen, mit denen redet man über Sachen, über die man mit anderen niemals reden würde. Herr Schwan war so einer. Nachdem er mir erzählt hatte, dass seine Frau vor drei Jahren an einem fiesen Krebs gestorben war und er seitdem mit dem Haushalt kämpft, erzählte ich ihm davon, dass ich vor Kurzem ein brutales Desaster in unserer Küche erlebt hatte, als ich die Spülmaschinen-Tabs nicht von ihrer Plastikhülle befreien konnte. Ja, sicher hätte man die Anleitung auf der Packung lesen können, dann hätte man gewusst, dass sich das Plastik auflöst, wenn man die Tabletten in die Spülmaschine gibt. Aber wer liest schon, was auf der blöden Packung steht? Niemand. Also ich zumindest nicht.

Und nachdem ich mit den bloßen Fingern keinen Erfolg erzielt hatte, nahm ich eine Schere und versuchte es damit. Bei dem Wort Schere schüttelte der Herr Schwan den Kopf. Ich bestätigte ihm, dass ich nur mit sehr viel Glück an einer kapitalen Fleischwunde vorbeigeschrammt war.

»Da wäre Ihre Frau sicher sauer gewesen. Das hätt eine riesen Sauerei gegeben.« Er pfiff leise vor sich hin.

»Genau. Schließlich hab ich es dann mit den Zähnen versucht. Das hat geklappt. Nur sind mir beim Öffnen ein paar Brösel von dem Reinigungsmittel in den Mund geraten. Das Zeug schmeckt furchtbar. Und außerdem haben sich die Reste von der Spülmaschinen-Tablette in tausend Einzelteilen auf dem Küchenfußboden verteilt. Ich hab das Zeug natürlich sofort aufgewischt. Nur war ich dabei barfuß, weshalb sich Reste des Reinigungsmittels zwischen meinen Zehen gesammelt haben. In der Dusche haben dann meine Zehen angefangen zu schäumen. Das war schräg.«

Herr Schwan blieb stehen. Er schaute mich ein paar Sekunden an, dann sagte er: »Die Geschichte habens jetzt aber schon ausgebaut, oder?«

Ich musste schmunzeln, weil er recht hatte: »Gut, das mit dem Schäumen war geringfügig übertrieben, aber bis dahin: nichts als die Wahrheit, die reine Wahrheit.«

Er lächelte gnädig, dann fragte er: »Und, hat sie es rausgefunden?«

»Ich denke schon, sie hat zwar nichts gesagt, aber als sie in die Küche kam, hat sie sofort so einen Privatdetektiv-Blick gekriegt. Ab und zu glaube ich, sie fährt gar nicht immer ins Krankenhaus, sondern arbeitet beim Bundesnachrichtendienst.«

»Ja, ja, ja, Frauen spüren, wenn was nicht stimmt.« Er schien damit Erfahrung zu haben.

»Sie hat mich sofort gefragt, ob ich gewischt hätte, was aber gar nicht nötig gewesen wäre, weil sie am Tag davor schon sauber gemacht hatte.«

»Oha, verstehe. Entweder sie traut Ihnen nicht wegen der Wischerei, oder interpretiert das so, als ob Sie nicht mit ihrer Reinigung zufrieden wären... das ist schwierig.«

»Blumen«, sagte ich.

»Blumen sind gut«, sagte er.

Dann gingen wir wieder ein paar Meter.

»Aus Ihrer Asche könnte man natürlich auch einen Diamanten pressen.«

Ich musste bei seiner Aussage schlucken, gab ihm aber recht, da ich das schon mal gehört hatte.

»Oder zum Mond schießen«, fügte er noch an.

»Oha, Sie kennen sich ja aus.« Ich musterte ihn. »Aber das ist ja Ihr Beruf.«

»Na ja, nicht ganz, aber man kriegt hier halt mit der Zeit so einiges mit. Zu uns in die Gärtnerei kam mal ein komisches Pärchen. Wobei, so komisch waren die gar nicht. Mir kommt's halt immer komisch vor, wenn der Mann so alt ist, dass er von dem Mädl der Vater sein könnt. Aber das ist halt jetzt oft so...« Er kratzte sich nachdenklich am Kinn.

Ich fragte nach: »Warum sind die zu Ihnen gekommen?«

»Blumen wolltens halt, für ein Grab von einer Verwandten von ihm, und da sind sie ins Reden gekommen. Und nicht, dass Sie mich falsch verstehen, ich hab da nicht gelauscht, aber gehört hab ich's schon.«

Ich schaute ihn an und sagte nichts, weil ich hoffte, dann würde er weitererzählen.

Was er auch tat: »Zuerst hat sie ihm erklärt, dass man aus seiner Asche einen Diamanten pressen könnte. Und sie halt überlegen würde, ob die Asche von ihm, vom Volumen her, für einen sauberen Diamanten langen würde. Es ging ihr um die Größe für ein Schmuckstück. Da hat er schon geschluckt, weil er ja noch lebendig war und sie schon mit seinen Überresten geplant hat. Und dann hat sie noch gesagt, dass man ihn, also seine Asche, meine ich, auch ins Weltall schießen lassen könnt. Er hat immer mehr seine Gesichtsfarbe verloren, und ich hab schon gedacht, dass es ihn gleich umhauen würde, aber er hat's derstanden. Und der war auch lustig.«

»Warum?«, wollte ich wissen.

»Na ja, sie ist dann raus, weil ihr Handy ganz aufgeregt geklingelt hat. Das fand ich übrigens gut, weil oft reden die Leut ja direkt vor dir mit einem anderen Menschen am Handy, das mag ich nicht, das ist unhöflich und...«

»Warum war er lustig?«, fragte ich nach.

»Ach so, na weil er, als sie raus ist, zu mir gesagt hat, dass er sich gut vorstellen könne, sie, ich glaub, sie hieß Johanna. Dass er sie schon ab und zu gern auf den Mond schießen und sich mit dem gesparten Geld ein sauberes Auto kaufen könnt. Als ich dann lachte, hat er nur gemeint, das mache er aber nicht, weil sie das Herz auf dem rechten Fleck hat und er ihre Stimme so gern mag. Da hab ich ihn sofort verstanden.«

Bei dem Wort Stimme musste ich an meine Tochter denken und schaute auf mein Handy. Es war noch eine Viertelstunde Zeit.

»Die meisten Leut haben keine Armbanduhr mehr, weil sie nur noch aufs Handy schauen«, sinnierte Herr Schwan.

Ich fühlte mich ertappt: »Stimmt.«

»Das ist jetzt kein Vorwurf. Nicht, dass Sie mich falsch verstehen.«

Wir schwiegen kurz und dachten wahrscheinlich an ähnliche Sachen, dann sagte ich: »Das ist schon was mit dem Handy-Zeug und dem Internet, und jetzt kommt noch die KI.«

»Ah, diese künstliche Intelligenz meinens, oder?« Herr Schwan blieb stehen.

»Ja, genau. Das wird noch mal vieles verändern…«

»Ich befürchte nicht zum Guten. Ich will da jetzt nicht unken, aber ich glaube, das geht nicht gut aus.«

»Sie meinen, wie in dem Weltraumfilm, in dem der Computer irgendwann zu der Überzeugung kommt, dass der Mensch das grundsätzliche Problem ist und man auf ihn verzichten könnte?« Ich wollte noch den Namen des Films sagen, aber er fiel mir nicht ein.

»Genau. Und da hat der Computer doch auch recht.« Er fuhr sich mit seiner Hand über das Gesicht. Jetzt konnte ich sehen, dass er seinen Ehering immer noch trug. »Ich glaub leider nicht an das Gute im Menschen, tut mir leid. Ich krieg das ja mit, wie die hier sogar noch blöd mit die Toten reden. Und an Gott glaub ich auch nicht, weil wenn's einen Gott geben würde, hätte er mir meine Frau nicht so früh weggenommen, die war nämlich eine Gute.«

Ich schwieg.

Herr Schwan sprach weiter: »Die Arschlöcher werden älter als die Guten, also oft ist das so … aber die KI kann keine Blumengestecke machen, da fehlt ihr das Fingerspitzengefühl und die Leidenschaft.« Er zwinkerte mir zu.

»Genau«, pflichtete ich ihm bei. »Ich muss jetzt mal meine Tochter einsammeln.«

»Ah, ja, die Sängerin.«

»Na ja, schauen wir mal.«

Wir standen uns gegenüber.

Herr Schwan sagte als Erster was: »Das war eine sehr schöne Ratscherei, vielen Dank.«

»Finde ich auch, Herr Schwan. Ich wünsche Ihnen einen schönen Tag. Und dass die Löwen das nächste Spiel gewinnen.« Ich deutete auf seine 1860-München-Mütze.

Er winkte ab: »Ach die, die spinnen, aber wennst erst einmal dabei bist bei dem Verein… bei der Beerdigung vom Frohmaier habens dann übrigens noch sauber gerauft. Da waren nämlich bei den Vertretern von der Bäckerinnung ein paar Bayern-Fans dabei. Und ich meine, Bäcker und Bayern-Fans, bei einer Beerdigung von einem Metzger und Löwen-Fan. Und dann die Vorgeschichte mit dem Holler und der Gerli. Da hat's sauber gescheppert. Einen hat's sogar ins offene Grab gehauen. Ja, das waren noch Zeiten…« Damit verabschiedete er sich.

Ich schaute ihm nach, wie er langsam über den Friedhof schritt. Er gehörte hierher. Das sah man. Dann klingelte mein Telefon. Es war meine Tochter. Sie wartete bereits am Auto.

Bei der Heimfahrt fragte ich Emma, wie denn die Gesangsstunde gewesen sei. Ich bekam nur ein Raunen als Antwort. Ich war wohl nicht der Richtige für das Gespräch. Oder vielleicht war es auch nicht der richtige Zeitpunkt. Wenn beides zusammenkommt, ist es ein Glück.

# DER FAMILIENKALENDER

Die Familiensitzung lief gut. Ich hatte meine ersten vier Punkte »Licht ausmachen, wenn man die Wohnung verlässt«, »Meerschweinchen füttern«, »Kellerschlüssel nach Benutzung wieder ans Schlüsselbrett hängen« und »Brotzeitboxen zeitnah in die Küche zurücklegen« ohne große Unterbrechungen vorbringen können. Die Begeisterung hielt sich in Grenzen, doch ich konnte das leichte Nicken der Sitzungsteilnehmer als kleinen Erfolg verbuchen. Dann aber, bei Punkt fünf, wehte mir der eiskalte Wind der Unverständnis entgegen. Es handelte sich um den Punkt »Nächstes Wochenende Oma und Opa besuchen«.

Fast gleichzeitig riefen meine Frau und meine Töchter aus: »Das steht aber nicht im Familienkalender«, und ich musste zu meiner Schande gestehen, dass sie recht hatten. Es gibt ein paar Dinge, die für den Fortbestand der Menschheit von entscheidender Bedeutung sind, eines davon ist der Zinner'sche Familienkalender. Er ist ein Anker in den Wirren der Zeit. Es gibt Fake News, abstürzende Computer, Doodle-Kalender, verlorene Handys, doch der analoge Familienkalender, der immer am selben Platz zwischen Bad und Küche bei uns an der Wand hängt, ist eine Naturgewalt. Unerschütterlich, fast stur, hängt er da und sorgt für Stabilität – wenn man ihn denn richtig pflegt. Was uns, und hier sei meine Frau ausdrücklich als fantastische Einschreiberin von Geburtstagen der Bekanntschaft und Verwandtschaft lobend erwähnt, bis jetzt sehr gut gelungen war. Diesmal war mir einfach ein Fehler unterlaufen und ich machte mir ernsthaft Sorgen um meine geistige und körperliche Gesundheit. Denn eines stand mit Sicherheit fest, dieses Missgeschick würde eine katastrophale Aneinanderreihung von Problemen nach sich ziehen. Emma und Lotte haben nämlich, mit ihren vierzehn und neunzehn Jahren, auch wenn sie nichts zu tun haben, immer etwas vor. Zumindest wollen sie auf gar keinen Fall etwas verpassen. Dieses Phänomen hat in den Zeiten der Sozialen Medien extrem zugenommen. Meine Töchter wanden und verspannten sich bei dem Gedanken, sozusagen unangekündigt ihre Großeltern besuchen zu müssen, weil eben vielleicht im Freundeskreis irgendetwas anstehen könnte, von dem sie zwar konkret noch nichts wussten, aber die Möglichkeit bestünde nun mal. Meine Frau war nur sauer, weil ich die Einschreibe-Regeln des Familienkalenders missachtet hatte. Diese Säuernis würde aber nicht lange anhalten, das wusste ich. Mein durchaus brauchbares Argument, dass der kleine Ausflug zu meinen Eltern noch fünf Tage entfernt war und man in der Zeit locker für planerische Klarheit sorgen konnte, wurde nur müde belächelt, und meine Töchter verschwanden in ihren Zimmern, meine Frau im Bad. Ich stand allein mit meiner Liste im Wohnzimmer. Und an einem der fünf abzuarbeitenden Punkte fehlte ein Häkchen. Traurig ging ich Richtung Küche. Als ich am Familienkalender vorbeikam, spürte ich eine gewisse Trotzigkeit und überlegte, ob ich vielleicht heimlich, mit Bleistift, ganz leicht, am nächsten Wochenende »OMA und OPA« einschreiben sollte. Mein Blick wanderte gerade zu unserer Stifte-Box im Gang, als ich leise eine Stimme aus dem Bad sagen hörte: »Denk gar nicht dran.«

Am nächsten Morgen, als alle anderen Familienmitglieder ausgeflogen waren, tat ich etwas Ungeheuerliches. Ich radierte »Papas Geburtstag« aus dem Familienkalender und schrieb ihn an einem falschen Tag wieder ein. Ich bin sehr gespannt, ob beziehungsweise wann dieser Fehler meinen Blutsverwandten auffallen wird. Möglicherweise verändere ich damit das Raum-Zeit-Kontinuum und löse katastrophale Ereignisse von historischer Bedeutung aus. Wenn dem so sein sollte, entschuldige ich mich dafür jetzt schon bei der restlichen Weltbevölkerung.

# OTTOLENGHI

»Rechts«, rief der Mann mit dem indischen Akzent. »Weiter rechts.« Er hatte sich entschieden, seinen Kassenbereich nicht zu verlassen und mir ausschließlich mit Rufen zu helfen. Endlich entdeckte ich das gesuchte exotische Gewürz. Als ich mich auf die Zehenspitzen stellte und es mir aus dem Regal nahm, kam von hinten ein bestätigendes »Richtig«. Der Besitzer des Ladens nickte zufrieden. Ich winkte zurück und schaute auf meine Liste. Es fehlten immer noch ein paar Sachen. Ich war nun schon den halben Vormittag unterwegs auf der Suche nach allen möglichen Kräutern, Pasten und Blüten, deren Namen ich zwar meistens schon gehört, die ich aber noch nie gekauft, geschweige denn in meiner Küche verwendet hatte. *Simple* hieß das Kochbuch von Yotam Ottolenghi, und, na ja, wenn man mal alles zusammen hatte vielleicht, doch bis jetzt konnte ich über den Buchtitel nur den Kopf schütteln. Außerdem sollte man sich klarmachen, dass so ein Kochbuch zwar ein sehr schönes Geschenk ist, aber auch ein sehr teures. Nicht das Buch an sich, nein, sondern die Zutaten, die man braucht, gehen echt ins Geld. Der Beschenkte muss erst einmal tief in die Tasche greifen, bis er unter anderem Rosenblüten, Nanaminze, Tahin, Sumach und Chili Pequin in seinem Vorratsschrank verstaut hat. Da ich auf den Wunsch meiner Töchter tiefer in die vegane und vegetarische Küche eintauchen wollte und die ersten Versuche schon ziemlich erfolgreich und schmackhaft waren, nahm ich die Herausforderung an, hatte aber zugegebenermaßen gerade ein kleines Tief. Als ich an der Kasse des indischen Lebensmittelgeschäftes stand, in dem ich erstaunlich viele Ingredienzien des israelisch-britischen Kochs gefunden hatte, schaute der Besitzer auf meine Liste und lächelte wissend. »Ah, Ottolenghi«, was bei ihm einen ganz eigenen Klang hatte. Es schien, als hätte er diese Liste schon öfters gesehen. Nach einer kurzen Pause schüttelte er ganz leicht den Kopf und gab mir eine Tüte ohne Aufschrift. »Alles drin«, sagte er fast verschwörerisch zu mir. Ich holte noch mal meinen Geldbeutel heraus, um die Geheimmischung zu bezahlen, doch er winkte ab. »Geschenk«, flüsterte er. Ich verließ nachdenklich den Laden.

Nachdem ich auf der Suche nach den restlichen Lebensmitteln auf meinem Zettel weitere zwei Stunden vergeblich durch die Stadt geradelt war, gab ich auf und fuhr nach Hause. Am Abend würde ich versuchen, auch ohne die drei fehlenden Zutaten ein Gericht aus meinem neuen Kochbuch zuzubereiten. Nach einem wohlverdienten Nachmittagsschläfchen machte ich mich an die Arbeit. Meine Töchter kamen regelmäßig in die Küche, um die Vorbereitungen zu überwachen. Sie waren mit meinen Einkäufen sichtlich zufrieden: Viel Gemüse, kein Fleisch, viele Gewürze, wenn auch nicht alle, aber das wussten die Mädels ja nicht. Meine Geheimwaffe, das indische »Alles drin«, hatte ich an einem sicheren Platz hinter dem Wassersprudler versteckt. Ich begann mit dem Kochen. Es lief gut, nur bemerkte ich ziemlich schnell, dass etwas fehlte. Alles zusammen ergab einen guten, aber nicht optimalen Geschmack. Ich überlegte kurz und griff dann in mein Geheimfach. Das Pulver war ockerfarben und hatte fast keinen Geruch. Mit einer mutigen Menge verfeinerte ich das Abendessen. Es duftete großartig. Ich war neugierig und probierte meine Bulgur-Gemüse-plus-indische-Geheimgewürz-Mischung. Sehr gut, zuerst war da nur dieser herrlich exotische Geschmack, doch dann kam ein Angriff von einer Durchschlagskraft, die ich bis dato noch nie erlebt hatte. Die Schärfe arbeitete sich über Zunge, Rachen und Nase direkt in meinen Frontallappen. Es war, als würde man mir mein Gehirn aussaugen. Ich hatte Tränen in den Augen, meine Nase lief, ich konnte nicht sprechen und mir wurde ein bisschen schummrig. »Alles drin«, dieser fiese Inder. Er wollte mich vergiften. Ohne groß zu überlegen, trank ich einen halben Liter kalten bayrischen Wassers, was natürlich Blödsinn war, aber das hatte ich in dem Moment vergessen. Das Wasser spülte das Zerkaute in Höchstgeschwindigkeit in meinen Magen, wo eine neue Dimension der Intensität hinzukam. Mein Bauch war auf diese Attacke nicht vorbereitet und stöhnte. Spontane Bauchkrämpfe setzten ein. Zu allem Überfluss kamen meine Töchter genau in diesem Moment in die Küche, um zu probieren. »Das duftet ja herrlich!«, sagte die Ältere. Ich brachte nur die Worte »sehr scharf« hervor. »Ach, das mag ich«, sagte die Jüngere. »Nein, das magst du nicht«, hauchte ich. Mit meinem ganzen Körper blockierte ich den Weg zu unserem Herd. Ich wollte meine Kinder nicht verlieren. In dem Moment kam auch noch meine Frau herein. Sie schaute mich fragend an und meinte, dass ich mich nicht so anstellen sollte, denn so ein bisschen scharf kann doch nicht so schlimm sein. Sie dachte hundertprozentig, dass ich übertreibe. Also gab ich den Weg frei, nicht ohne die warnenden Worte: »Hölle, Hölle, Hölle«. Gleichzeitig nahmen die drei jeweils eine kleine Gabel voll indischer Ottolenghi-Spezialmischung. Nach zwei Sekunden setzte die Wirkung ein: Wildes Gehüpfe, Flüche in meine Richtung, Tränen, Stöhnen, es war alles dabei. Meine jüngere Töchter drohte mir mit der Faust, wurde aber dann von einer Schärfe-Attacke, im wahrsten Sinne des Wortes, in die Knie gezwungen. Ich machte mir ernsthaft Gedanken um die Folgeschäden, die auf uns zukamen. Doch nach einigen, sehr langen Minuten wurde es langsam besser. Alle vier lagen wir schweißüberströmt im Wohnzimmer auf Couch und Stühlen und versuchten, ruhig zu atmen. Meine Frau nahm meine Hand. Leise, fast flehentlich sagte sie: »Morgen,Schnitzel.« Von meinen Töchtern kam nur »Ja, bitte. Ja, bitte.« Ich konnte mit letzter Kraft antworten: »Ja, gerne.«

Ich habe in den nächsten Wochen noch mehrmals aus dem Kochbuch von Ottolenghi Gerichte zubereitet, und ich muss sagen, es war zwar wahrscheinlich nicht immer ganz original, aber trotzdem hat es ausgesprochen gut geschmeckt. Das indische Geheimgewürz aber habe ich beim Giftmobil der Stadt München abgegeben. Die Männer schienen die Verpackung nicht zum ersten Mal zu Gesicht zu bekommen. Mit einer Zange nahmen sie vorsichtig die Tüte und stellten sie in eine Metallbox, auf der ein Totenkopf-Symbol prangte. »Teufelszeug«, sagte einer der Männer und versiegelte den Behälter.

# DIE SÜSSE DER APFELTASCHE

Ich stellte mein Fahrrad neben den Außentischen des Konditors meines Vertrauens ab und wollte gerade eintreten, als ein Mann mit einem Kind in einem Hängetuch vor dem Bauch sich fies an mir vorbeidrängelte. Da man jungen Vätern mit Nachsicht begegnen sollte, verzichtete ich auf eine Verwarnung und stellte mich brav hinter ihm an. Die mir seit Jahren vertraute Verkäuferin, die je nach Stimmungslage extrem schnell oder verheerend langsam sein konnte, hatte anscheinend einen guten Tag, denn sie lächelte dem Drängler entgegen und fragte, was sie ihm denn geben dürfe. »Eine Apfeltasche«, war sein Wunsch. Ich kannte diese Kreation und konnte ihn zu seiner Wahl nur beglückwünschen. Dann kam Überraschendes. Gerade als die Verkäuferin die Apfeltasche in die Papiertüte packen wollte, fragte der Mann: »Ist die denn gesüßt?« Sie verstand die Frage nicht sofort und neigte den Kopf. Auch ich musste überlegen. »Ob die Apfeltasche mit Zucker gesüßt ist, will ich wissen?« Sein Ton war sehr fordernd. Die Verkäuferin blickte sich um, so als ob sie sich vergewissern musste, dass sie immer noch in einer Konditorei stand.

»Ja, natürlich… also… ich glaube schon…«, war ihre zögerliche Antwort.

»Glauben heißt nicht wissen!«, kam es neunmalklug aus dem väterlichen Mund. *Oha*, dachte ich mir, *ein Spezialist*, blieb aber ruhig.

»Wenn man in so einem Geschäft arbeitet, sollte man schon wissen, welche Inhaltsstoffe in der Ware sind.«

Ich bekam leichte Nackenverspannungen, hielt aber immer noch an mich. Die Verkäuferin sammelte sich. »Die Liste der Allergene steht auf dem Zettel da vorne an der Vitrine.«

»Meine Frage lautete, ob die Apfeltasche gesüßt ist und nicht welche Allergene sie beinhaltet.«

»Das ist eine Konditorei, du Spezialist«, mischte ich mich ein.

»Wer sind Sie denn bitte?«

»Ein Kunde, der sich gerne eine gezuckerte Apfeltasche kaufen würde, wenn der Mann vor ihm nicht komische Fragen stellen würde und vor allem in einem ziemlich depperten Ton und so auch noch den ganzen Betrieb aufhält.«

Der junge Vater machte große Augen.

»Wie heißt er denn, der Kleine?«, fragte ich, um die Lage zu beruhigen.

»Das geht Sie gar nichts an.«

Wo er recht hat, hat er recht.

»Stimmt, aber ob Sie die Apfeltasche jetzt kaufen, würde mich schon interessieren.«

»Nein, wenn man mir über die Ware keine genaue Auskunft geben kann, werde ich dieses Produkt natürlich nicht kaufen. Wir leben ja nicht mehr im Mittelalter.«

»Ja, das stimmt. Das ist auch dein Glück«, sagte ich. Die Verkäuferin schmunzelte.

»Wir essen keinen raffinierten Zucker!«

»Sauber, dann hast du dich ja quasi in die Höhle des Löwen gewagt.«

Der Mann verließ daraufhin unrhythmisch atmend den Laden. Zu allem Überfluss meldete sich nun auch sein Kleinkind lautstark zu Wort. Er wirkte ziemlich verzweifelt.

*So ein bissl Zucker könnte jetzt seine väterlichen Nerven beruhigen*, dachte ich mir. Dann kaufte ich mir die Problem-Apfeltasche, die ausgesprochen gut schmeckte. Ein paar Minuten später radelte ich an den zweien vorbei. Das Kind war in Höchstform. Der junge Vater versuchte, sich mit einer Reiswaffel zu beruhigen. Na, dann viel Glück.

# DIE SCHWARZE HAND

Meine Pflanze war tot.

Als ich vor ein paar Wochen von meiner Frankentour, die mich durch die Metropolen Fürth, Würzburg, Aschaffenburg und Uehlfeld geführt hatte, wieder nach Hause kam, sah ich es sofort. Irgendwer hatte noch versucht, mit einem Aktenordner den Blick auf meine Pflanze zu versperren, doch das war ein plumper Vertuschungsversuch. Wie kann man in nur fünf Tagen so eine Vernichtung herbeiführen? Ich habe eine wirklich wunderbare Frau, aber eines muss man hier in aller Deutlichkeit sagen, was Pflanzen betrifft, ist sie ein echter Killer. Es gibt Menschen, die haben einen grünen Daumen, meine Frau hat die schwarze Hand. Nichts ist vor ihr sicher: Balkonpflanzen, Kräuter, Zimmerpalmen, sogar Kakteen haben bei ihr keine Chance. Mich würde es nicht wundern, wenn sie es schaffen würde, Plastikpflanzen zu töten. Unsere Nachbarn belästigen uns schon länger nicht mehr damit, ihre Blumen zu versorgen, wenn sie sich auf Urlaubsreisen begeben, seit meine Frau bei ihnen ein Feld der Verwüstung hinterlassen hat. Diese Nichtberücksichtigung ist der einzig erfreuliche Nebeneffekt ihres tödlichen Talents. Es gibt in der pflanzlichen Betreuung meiner Frau nur zwei Wetterereignisse: Extreme Trockenheit, wie man sie in der Sahelzone findet, oder Monsun, und zwar nicht irgendein Monsun, sondern die Mutter aller Monsune. Vielleicht wären Seerosen etwas, die schwimmen oben, doch die würden die Wüstenphasen auf keinen Fall überleben.

Ich habe gelesen, dass Forscher versuchen herauszufinden, welche Pflanzenarten in den nächsten Jahrzehnten am besten für die bevorstehenden klimatischen Veränderungen geeignet sind. Möglicherweise wäre unsere Wohnung ein perfektes Forschungsfeld für diese Wissenschaftler. Denn Pflanzen, die die Fürsorge meiner Frau überleben, könnten es locker mit den Herausforderungen des Klimawandels aufnehmen. Oder mit der Marsmission, dort sollen ja auch extreme Wetterverhältnisse herrschen.

Ehrlicherweise muss man sagen, dass es bei uns eine Pflanze gibt, die all die Jahre überlebt hat. Ein kleiner Lavendelstrauch auf unserem Balkon stirbt jedes Jahr einen elendigen Tod, taucht aber dann wieder wie Phönix aus der Asche aus seinem vertrockneten oder überschwemmten Blumenkasten auf und stellt sich den kommenden Herausforderungen. Vielleicht ist die Rettung der Menschheit Lavendel. Ein ziemlich reizvoller Gedanke. Optisch wunderbar, riechen tut er sowieso fantastisch, der Nährwert ist zwar überschaubar, aber vielleicht kann man Treibstoff aus ihm gewinnen. Stellen Sie sich Kreuzfahrtschiffe vor, die nicht mehr eine schwarze, stinkende Dieselwolke aus ihren Schornsteinen blasen, sondern leicht lila schimmernde, nach Lavendel duftende Schwaden, die, wenn sie auf Land treffen, niemand vergiften, sondern Freude und Wohlbehagen auslösen. Auch an Bord der Schiffe würden die Passagiere im Lavendel-Duft schwelgen. Ganz zu schweigen von den gesundheitlichen Vorteilen. Da das Heilkraut gegen Reizmagen, Blähungen und nervöse Darmbeschwerden hilft, könnten sich die Rentnergruppen weiterhin ohne schlechtes Gewissen am All-Inclusive-Büfett überfressen und sich dann auf dem Oberdeck in den Lavendelwolken entspannen. Die AOK Bayern würde sämtliche Kreuzfahrten von Capri bis Neufundland mit immensen Geldbeträgen bezuschussen. Komplette niederbayrische Kurorte wie Bad Birnbach, Bad Füssing oder Bad Gögging könnte man ohne Probleme auf Kreuzfahrtschiffe auslagern. Eine absolute Win-win-Situation.

Ich werde, wenn es der Menschheit hilft, unseren Lavendelstrauch und meine Frau zu Forschungszwecken freigeben. Ich möchte sie danach aber wieder zurück, beide.

# PFEILGIFTFRÖSCHE UND BIER

Vor zwei Wochen ist ein alter Bekannter, der früher mal ein Freund war, an einem fiesen Tumor gestorben, den man zwar wegschneiden kann, der aber nach ein paar Monaten wiederkommt und dir dann den Stinkefinger zeigt. Ich habe von seinem Tod aus der Zeitung erfahren, weil wir schon länger keinen Kontakt mehr hatten. Sein Ableben hat mich überrascht. Erstens wusste ich nichts von seiner Erkrankung, und zweites war er eines von den Individuen, von denen ich immer dachte, dass sie mich locker überleben. Es gibt so Personen, da denke ich, die können gar nicht sterben, aber das Leben ist halt ein Ausscheidungsrennen, um meinen verstorbenen Bekannten zu zitieren. Eigentlich war ich mir sicher, ein Schlangenbiss oder eine giftige Spinne würde ihm den Garaus machen. Er war nämlich Fan und Sammler von exotischen Tieren und hielt diese in seinem Keller, zumindest bis vor ein paar Jahren, als wir noch Kontakt hatten. In den Neunzigerjahren kamen wir in seinem Keller immer zusammen, um Fußball zu schauen und Bier zu trinken. Er hatte für die damalige Zeit einen sehr großen Fernseher, was im Rückblick lächerlich erscheint, wenn man sich die jetzigen Riesenfernseher im Elektro-Fachgeschäft vor Augen hält, aber für Neunzigerjahreverhältnisse war sein TV-Gerät ein Monster. Nach gut einem halben Jahr veränderten sich unsere Fußballabende einschneidend. Wir bekamen nämlich Gesellschaft. Mein Freund hatte sich entschieden, seine Leidenschaft für exotische Tiere auszuleben und sich Spinnen, Schlangen und ähnliches Getier zu kaufen und in seinem Keller zu beherbergen. Im Grunde war es uns egal, was da hinter uns kreuchte und fleuchte, wie gesagt, der Fernseher war groß, das Bier umsonst, da musste man halt in Kauf nehmen, zwischen diesen Amphibien zu sitzen. Nach zwei, drei Wochen hatten wir uns daran gewöhnt. Alle Tiere wurden mit diversen Fußballernamen ausgestattet. Das half beim Annäherungsprozess. Da gab es die Mehmet-Scholl-Kröte, die Romario-Spinne und die Mario-Basler-Schlange. Doch eben diese Mario-Basler-Schlange verschwand eines Tages. Mein Freund kommentierte das nur mit: »Oh, da fehlt eine?« Auch beim genaueren Blick in ihr Gehege konnten wir sie beim besten Willen nicht finden. Mit ihrer rot, schwarz, beige gestreiften Musterung war die Königsnatter aus Honduras, kurz »da Mario«, eigentlich ein echter Blickfang. Auf unsere Frage, ob Mario denn giftig sei, bekamen wir nur die nicht sehr beruhigende Antwort: »Mei, höchstens a bissl…« Was sollte das bedeuten? Dass wir nicht gleich nach ihrem Biss sterben würden, sondern erst nach drei Wochen, oder gelähmt hier im Keller vor uns hin verwesten? Sein einziger Tipp war, dass wir unsere Füße nach oben nehmen sollten. So eine Couch wäre für die Schlange ein unüberwindbares Hindernis. Wir nickten unwissend und folgten dem Ratschlag, denn schließlich war er der Tierexperte. Höchstwahrscheinlich beobachtete uns Mario aus seinem Versteck heimlich und lachte sich fast tot, während wir den Rest des Fußballspiels mit angewinkelten Beinen anschauten. Wir erfuhren zwei Tage später, dass es sich bei Mario um eine mittelamerikanische Kletterschlange handelte, für die eine Couch nicht einmal annähernd ein Hindernis darstellte.

Im Laufe des Spiels trat ein massiveres Problem als die kletterfähige Giftschlange auf. Uns ging das Bier aus. Mein Freund meinte, wir könnten alternativ auch an einem Pfeilgiftfrosch lecken, was wir dankend ablehnten. In solchen Momenten muss man über seinen Schatten springen, also griffen wir missmutig zum noch reichlich vorhandenen alkoholfreien Weißbier. Der Terrarium-Experte wollte aber unbedingt die Wirkung des schwarz-rot gefleckten Frosches vorführen und leckte an der Haut des Tieres. Dieses Bild werde ich mein Leben lang nicht mehr loswerden. Ein fast zwei Meter großer Typ lässt seine Zunge über eine sehr kleine, bunte Amphibie gleiten. Gut zwei Minuten passierte nichts, was uns vermuten ließ, dass die ganze Aktion nur Angeberei gewesen war. Doch dann durchzuckte es unseren Freund in einer Art Drogenrausch, wie ich ihn bis zu der damaligen Zeit nur bei Menschen gesehen hatte, die drei bis vier Goaßnmaß* getrunken hatten. Ein bayrisches Spezialgetränk, dem sich wirklich nur geübte Trinker stellen sollten. Schließlich rotierte er wie ein angeschossener Breakdancer auf seinem Schulterblatt auf dem Kellerfußboden. Danach fiel er in einen komatösen Schlaf. Da er aber ruhig atmete und ein Lächeln auf dem Gesicht hatte, ließen wir davon ab, den Notarzt zu rufen. Außerdem lief das Fußballspiel noch und ging in die sehr spannende Schlussphase. Unser Freund konnte sich am nächsten Tag nicht an den Vorfall erinnern, und Mario Basler wurde auch nie wieder gefunden. Als in der Nachbarschaft der Verlust von mehreren Hamstern, Meerschweinchen und Springmäusen gemeldet wurde, verhielten wir uns ruhig, da wir nicht unnötig Staub aufwirbeln wollten.

---

* Goaßnmaß: Die Zutaten dieses mächtigen Getränks sind, je nach Region, unterschiedlich zusammengesetzt, meistens nimmt man einen halben Liter dunkles Bier oder helles/dunkles Weißbier, Cola und ca. 4 cl Kirschlikör oder Cognac. Von dieser relativ süßen Mischung gibt es auch die herbere Version: Anstelle des Kirschlikörs wird dem Bier Weinbrand oder auch Whisky zugeführt.

# IMMER VIEL KOCHEN

Früher lebten in unserer Wohnung fast immer, bis auf in den Ferien, fünf Personen: meine zwei Töchter, mein Sohn, meine Frau und ich. Jetzt, da mein Sohn ausgezogen ist, die große Tochter eigentlich ständig unterwegs, und die jüngste, mit ihren vierzehn Jahren, auch schon anfängt, häufiger für längere Phasen das Nest zu verlassen, muss ich beim Kochen umdenken – dachte ich.

Denn wenn nur noch meine Frau und ich zum Abendessen einzuplanen sind, langt, zum Beispiel bei einem Pasta-Gericht, ein halbes Päckchen Nudeln. Diese Berechnung war falsch. Meine Kinder scheinen es bis über mehrere Kilometer hinweg zu riechen, wenn ich den Herd anwerfe. Wie aus dem Nichts tauchen sie dann auf und setzen sich wie selbstverständlich an den nicht für sie gedeckten Tisch. Zwei- bis dreimal unterlief mir der Fehler, eben nur für zwei Personen zu kochen, was böse bestraft wurde. Das hieß, meine Frau und ich gingen leer aus und mussten uns mit einem Käsebrot begnügen. Mittlerweile koche ich wie früher für fünf, und nur sehr selten muss irgendetwas weggeworfen werden. Erstens leben wir zum Glück im Zeitalter des Kühlschranks, und zweitens sind eigentlich immer vier Esser da. Wenn die eigenen Kinder nicht vollzählig sind, haben sie noch befreundete Mitesser dabei. Und diese Freunde scheinen sehr gern und sehr hungrig zu uns zu kommen. Auch scheinen diverse Vorlieben, wie vegan oder vegetarisch, in unserer Küche nicht zu gelten oder kurz ausgesetzt zu werden. Mit hoher Geschwindigkeit und großem Selbstverständnis werden Hackfleischsoßen, Käsespätzle, Schnitzel und Spaghetti

Carbonara, um hier nur ein paar Beispiele zu nennen, freudig weggeschaufelt. Ehrlich gesagt, freut es mich natürlich, wenn bei uns zu Hause was los ist. So eine leere Wohnung hat definitiv seine Vorteile. Paare mit Kindern wissen jetzt sofort, was damit gemeint ist. Aber andauernde Ruhe ist halt so eine Sache. Man denkt immer, es ist eine Wohltat, doch dann vermisst man das Gebrabbel, die Musik und das Gerenne sehr schnell. Wir haben natürlich noch unsere Meerschweinchen, die ebenfalls starke Esser sind, jedoch stehen auf ihrem Speiseplan weder Schnitzel noch Spaghetti Carbonara. In der Geschwindigkeit, mit der die zwei Nager ihre Salatblätter inhalieren, wäre es auch verheerend, wenn ich noch für sie warm mitkochen müsste. Das würde vielleicht an die Phase herankommen, als unser Sohn Konrad im Alter zwischen fünfzehn und achtzehn ganze Pizzableche in sich versenkt hatte. Und gerade in der Zeit hatte er oft befreundete Altersgenossen dabei, die natürlich mitversorgt wurden. Mein Einkaufswagen sah damals des Öfteren so aus, als wollte ich für eine Kompanie Bundeswehrsoldaten kochen. Schnell bin ich auf die Nudel-Großpackungen umgeschwenkt und habe mir über einen Spezl die Metro-Karte besorgt. Auch habe ich zum ersten Mal in meinem Leben ausführlich die Broschüren mit den Sonderangeboten im Supermarkt studiert.

Diese Kantinentage sind zum Glück vorbei, dennoch wird bei uns in großen Mengen gekocht. Das schmeckt meistens eh viel besser, und da ich ein großer Freund des Schmorgerichts bin und dieses bekanntlich aufgewärmt noch einmal besser schmeckt, nutze ich die Eventualität, dass alle Familienmitglieder auf einmal eintreffen, verschlagen aus, um einen ordentlich großen Topf zu kochen, um dann im Idealfall, der aber nur selten eintritt, drei bis vier Tage lang davon zu zehren. Also wenn ich einmal in die Gastronomie einsteigen sollte, bin ich gewappnet. Auf der Speisekarte meines Restaurants werden dann vor allem Gulasch, Eintopf und Coq au Vin stehen – Öffnungszeiten eher Herbst/Winter.

# LEGO

Man sah keinen Unterschied. Auch die zweite Fahrt zum Wertstoffhof hatte keine großartige Veränderung herbeigeführt. Ich saß auf einem alten Farbeimer und schaute in unser Speicherabteil. Nur mit sehr viel Wohlwollen konnte man kleine Lücken in dem Gewirr aus Möbeln, Kinderspielzeug und Dingen, von denen ich nicht einmal wusste, ob sie uns gehörten, entdecken. Mein Auto war voll bis unter die Decke gewesen, und bei der Entsorgung in der Müllpresse hatte ich mich richtig männlich gefühlt. Ich hatte dem Fachpersonal ein lockeres »Was weg muss, muss weg« entgegengeworfen und ein Teil nach dem anderen in den Container gedonnert. Doch nun setzte Ernüchterung ein. Mein Testosteronspiegel sank ins Bodenlose. Warum hatte ich Depp auch den Mund aufgerissen und getönt: »In meinem Urlaub nehme ich den Speicher in Angriff!« Vor gut drei Stunden war ich voller Elan angetreten und hatte mich dem Gegner gestellt. Doch jetzt war ich müde. Ich stand langsam auf und schlenderte unmotiviert in unser Abteil. Lustig, was man so alles aufhebt. Wobei alle Familienmitglieder eigentlich gar keine so schlechten Wegwerfer sind. Dennoch sammelt sich im Laufe der Jahre schon ziemlich viel Zeug an. Ich musste über die Musik-CDs von meinen Kabarettprogrammen lachen, die sich in einem Regal links vor mir stapelten. Vor noch gar nicht allzu langer Zeit kauften die Zuschauer gerne nach dem Konzert eine CD. Jetzt schauten sich die meisten Paare nur fragend in die Augen, bis einer von beiden sagte: »Haben wir überhaupt noch einen CD-Spieler?« Anscheinend nicht, sonst würden die ganzen Tonträger hier oben nicht verstauben.

Die Kisten mit dem Kinderspielzeug waren ein Problem. Zum Wegwerfen zu schade, für Enkelkinder zu früh, und wir hatten echt viel davon. Vor allem LEGO lag da in drei großen, durchsichtigen Aufbewahrungs-Boxen. Mit LEGO verband mich eine Hass-Liebe. Zum einen mochte ich die Bauarbeiten, vor allem mit unserem Sohn Konrad, sehr. Wir waren echte Profis, was Burgen, Baustellen und *Star-Wars*-Abenteuer betraf. Aber LEGO hatte auch eine dunkle Seite. Und ich meine damit nicht die bestimmt üblen Herstellungsbedingungen irgendwo in Fernost. Nein, ich rede von der Verletzungsgefahr, die von LEGO-Steinen ausgeht. Eltern wissen, was kommt. Besonders im Dunkeln kann man die Steine kaum erkennen. Aber wenn das Kind endlich nach hartem Kampf eingeschlafen war und man den Auftrag bekommen hatte, noch das Fenster im Kinderzimmer zu kippen, damit der Filius nicht ersticken würde, konnte man natürlich unmöglich das Licht einschalten. Auf Zehenspitzen, meist barfuß schlich man dann durch den Raum, der Schweiß stand einem auf der Stirn, denn man wusste um die Gefahr von Tretminen. Ängstlich kippte man das Fenster und trat dann, wie ich einmal beim Rückweg, auf einen falsch geparkten X-Wing-Starfighter. Der Schmerz schoss durch meinen ganzen Körper. Beim folgenden Schmerzensschrei-Unterdrückungs-Hüpfer landete ich in der Ritterburg, die mich mit allen Zinnen, Türmen und Lanzen böse auf die Hörner nahm. Ich jammerte bitterlich. Mein damals noch kleiner Sohn wachte auf und jammerte ebenfalls. Meine Frau jammerte nicht, sondern hatte den Blick. Eine klassische No-Win-No-Win-Situation.

Auch unsere jüngste Tochter Emma war ein echter LEGO-Fan gewesen. Phasenweise so schlimm, dass wir zwei sogar einen Ausflug in das berüchtigte LEGO-Land bei Günzburg machten. Ich zahlte einen immensen Geldbetrag für zwei Tage Eintritt und eine Übernachtung im angeschlossenen LEGO-Piratenhotel. Als wir auf dem riesigen Parkplatz ankamen, hatte ich ein ungutes Gefühl. Doch Emma war voller Vorfreude und marschierte festen Schrittes Richtung Eingang. Schnell wurde auch ihr klar, dass das hier kein Zuckerschlecken werden würde.

Die Warteschlangen waren heftig. Dennoch behielten wir unseren Optimismus, stellten uns an, rückten geduldig Meter um Meter nach vorne, bis uns schließlich Einlass ins Heiligtum gewährt wurde. Gleich zu Beginn war eine eindrucksvolle Ausstellung von bekannten Bauwerken, wie zum Beispiel dem Eiffelturm, der Golden Gate Bridge oder der Allianz Arena, die mit LEGO-Steinen nachgebaut waren. Emma und ich nickten beide beeindruckt. Unsere Laune stieg, bis wir in einem der zahlreichen Läden nach einer Stärkung suchten. Den Preisen nach zu urteilen, musste es sich hier um wirklich erlesene Speisen und Getränke handeln, die sich aber leider ein paar Minuten später als ziemliche Frechheit herausstellten. Wir entsorgten den Mist und aßen unsere mitgebrachte Brotzeit. Bei den Fahrgeschäften kam die nächste Ernüchterung. Hier hatten die Betreiber des Freizeitparks, denn nichts anderes war dieses sogenannte LEGO-Land, das indische Kastensystem wieder eingeführt. Dass so etwas in Deutschland möglich war, verblüffte mich. Es gab die normale Anstell-Schlange, die Fast-Lane und die Fast-Fast-Lane, deren Nutzung beim Kauf der Tickets mitgebucht wurde. Und natürlich gibt es Menschen, die Geld zum Saufuttern haben und sich nicht mit dem Pöbel anstellen wollen. Gerade wenn man, nach endlosem Schlangestehen, scheinbar an der Reihe war, tauchte der Hochadel auf und reihte sich, ein oder sogar zwei Stationen vor einem ein, warf dem Fußvolk noch einen verächtlichen Blick zu und fuhr fröhlich winkend davon. Meine Tochter warf ein Stück von ihrer Breze nach den Adligen. Ich war stolz, wurde aber von einem der Einlass-Schergen ermahnt. Nach gut einer Stunde hatten wir beide die Schnauze voll und verließen diesen Tempel der Freude. Auf dem Weg zum Parkplatz haben wir Dutzende weinende Kinder gesehen. Wahrscheinlich waren sie reizüberflutet oder hatten vier Stunden in der Normalo-Schlange schmoren müssen, bis endlich alle gut Betuchten vor ihnen drangekommen waren.

Wir checkten im Piratenhotel ein. Das frisch gebaute Teil hatte den Charme einer Kreissportturnhalle, die gerade noch so mit allerlei LEGO-Figuren an den Wänden aufgehübscht wurde. Emma und ich verzichteten nach dem kulinarischen Fehlschlag im Freizeitpark auf ein Abendessen im angeschlossenen Motto-Restaurant und besorgten uns in Günzburg eine kleine Brotzeit. Danach schauten wir ein, zwei Filme, ließen das Erlebte noch kurz Revue passieren und schliefen friedlich in unseren Piraten-Betten ein. Beim Frühstück kam ein Kellner, der wohl kurz vorher gekokst hatte, an unseren Tisch und schrie uns freundlich ein »Hallo, ihr zwei, mit was kann ich euch denn verwöhnen!« entgegen. Emma hatte Angst. Wir bestellten das Einfachste, um bloß nicht von dem Junkie verwöhnt zu werden. In dem riesigen Frühstückssaal ging es zu wie in einem Bienenstock. Die Kämpfe am Büfett waren klassisch deutsch. Wir hielten uns so gut wie möglich aus dem Kampfgeschehen heraus, aßen schnell und flüchteten, nicht ohne von unserem drogensüchtigen Betreuer noch einmal freundlich angeschrien zu werden. »Bis bald, ihr zwei!« Auf gar keinen Fall, war unser beider Meinung. Wir saßen gestresst auf den Stufen am Ausgang. Ich sah zu meiner Tochter hinüber. »Ich will da nicht noch mal ein, bitte«, sagte sie mit großen Augen. »Ich auch nicht.« Wir nahmen uns bei der Hand, gingen zum Auto und flüchteten aus der Piraten-Hölle.

Während ich über den LEGO-Land-Ausflug sinnierte, hatte ich unbedacht eine Kiste geöffnet. Es waren alte Steuerunterlagen. Warum muss man seine Steuerunterlagen zehn Jahre aufbewahren? Ich überlegte, ob ich unseren Ausflug nach Günzburg als Geschäftsreise hätte absetzen können. Es gab ja auch Typen, wie ich letztes Mal am Nachbartisch mitgekommen hatte, die ihre Ehefrau als Geschäftsessen absetzten. Auf kurze Sicht vielleicht clever, aber längerfristig, glaube ich, geht das nach hinten los. Und ich meine hier nicht das Finanzamt. So Typen setzen wahrscheinlich auch ihren Speicher von der Steuer ab, als Lagerraum für Geschäftsunterlagen. Da hätte ich bei einer Kontrolle mit dem ganzen LEGO wohl sehr schlechte Karten. Außer eine der Kontrollpersonen hätte auch Kinder, dann könnte ich vielleicht auf mildernde Umstände plädieren.

# KOPFHÖRER

Das Interessante an Teenagern ist, dass man oft nur sehr wenig reden muss. Schon des Öfteren habe ich meinen Töchtern ein interessantes Bauwerk am Wegesrand gezeigt oder die ein oder andere Heldengeschichte aus meiner Jugend erzählt und ihr Nicken irrtümlich als Zustimmung aufgefasst. Dabei waren sie in ihrer eigenen Dimension: im Drei-???-Himmel oder in der Deutschpop-Hölle. Dadurch, dass die Kopfhörer so klein geworden sind und meine Mädels beide lange Haare haben, kann man überhaupt nicht mehr erkennen, ob sie im Hier und Jetzt oder auf der anderen Seite sind. Weihnachten haben beide dicke, fette Old-School-Kopfhörer bekommen. Das bewahrt mich hoffentlich vor dem einen oder anderen peinlichen Moment.

Mit Musikhören kann ich umgehen. Das habe ich ja früher auch gemacht. Vollkommen rätselhaft ist mir aber, warum Menschen auf offener Straße telefonieren und das Handy vor ihrem Gesicht halten, damit der Gesprächspartner auch noch den dazugehörigen Kopf sehen kann. Das wackelt doch wie die Sau, und gefährlich ist es auch, oder? Letzten Monat ist ein Mann direkt vor unserem Haus in einen Laternenmasten eingeschädelt*. Er war so sehr mit seiner Außenwirkung beschäftigt, dass er den friedlich dastehenden Masten nicht gesehen hat. Mit voller Wucht ist er eingeschlagen und unsanft zu Boden gegangen. Er schien kurz benommen, rappelte sich dann aber wieder auf und suchte verzweifelt nach seinen Kopfhörern, die ihm beim

* eingeschädelt = bremste mit dem Kopf

Aufprall aus den Ohren gehüpft waren. Er murmelte immer wieder: »Ich habe den Kontakt verloren. Ich habe den Kontakt verloren.« Ich dachte mir nur: *Den hast du wohl schon länger verloren*, und kam ihm zu Hilfe. Er blutete leicht an der Unterlippe. Als ich ihn darauf aufmerksam machte, schaute er mich nur verständnislos an. »Kein Kontakt, ich habe keinen Kontakt«, war seine einzige Reaktion. Ein älterer Herr ging an uns vorbei. Ich sah noch den kleinen Airpod auf dem Gehweg neben uns liegen, war aber nicht schnell genug für eine Warnung. Mit einem spitzen, leisen Knacken verabschiedete sich der Kopfhörer aus seinem Arbeitsleben. Die Augen des Gestürzten weiteten sich. Ich hatte Angst, er würde mir in Ohnmacht fallen. Er begann zu weinen und kroch auf allen vieren zu den traurigen Resten seines Ohrstöpsels. Der ältere Herr hatte von all dem nichts mitgekommen und war einfach weitergegangen. Man konnte ihm keinen Vorwurf machen. Der Mann am Boden sammelte derweil die teuren Apple-Krümel auf. Es war ein trauriges Bild. Er streckte mir die offene Hand mit den Überresten entgegen. Ich sagte: »Kein Kontakt.« Er flüsterte nur: »Genau, kein Kontakt.« Untröstlich kniete er auf dem Asphalt, wirkte wie erstarrt. Langsam wurde es mir zu doof. Ich verabschiedete mich. Dem Menschen war eh nicht zu helfen, zumindest nicht von mir.

Ich überlegte beim Gehen, wann Apple einen Handyairbag erfinden würde. Das wäre doch sicherlich eine gute Geschäftsidee. Wenn dieser Zeitpunkt kommt, werden meine Töchter diese Sicherheitsmaßnahme hoffentlich auch in Anspruch nehmen. Sturzhelme beim Fahrradfahren tragen sie ja nicht, dann rettet ihnen vielleicht ein Handy-Airbag einmal das Leben.

# FREIER OBERKÖRPER

Meine Tochter Lotte ist achtzehn Jahre alt und wohnt noch bei uns zu Hause. Das hat zur Folge, dass ihr Freund uns auch ab und zu mit seinem Besuch beehrt. Er isst sehr viel, aber damit kann ich umgehen. Außer er macht mich, nachdem er gerade die ganze Cornflakes-Packung aufgegessen hat, darauf aufmerksam, dass es da mal eine neue bräuchte. Ich atme dann nur tief durch und denke mir, er muss ja noch wachsen. Denn zu den körperlich Größten auf dem Planeten zählt er nun einmal nicht. Neben seinem großen Hunger sticht bei ihm eine Eigenart besonders hervor. Er sitzt gerne mit freiem Oberkörper in unserer Küche. Wenn man wie er Judo macht, kann man sich das sicherlich leisten. Dennoch stellt sich die Frage, ob man das unbedingt in einer fremden Küche machen muss, und vor allem ständig. Um nicht als Spießer zu gelten, was eine der wichtigsten Tugenden des Elterndaseins darstellt, habe ich mich entschieden, auch mit freiem Oberkörper bei uns in der Küche zu sitzen. Ich denke, das Gleichheitsprinzip sollte für alle und überall gelten. Anscheinend sehen das aber nicht alle so, denn die Reaktionen meiner Töchter waren eindeutig: Panik, Entsetzen, Scham, Wut, wildes Hände-vor-die-Augen-Schlagen etc., etc.

Den Freund meiner Tochter hat es überhaupt nicht gestört. Als ich barbrüstig vor ihm saß, sagte er nur: »Ah, ich sehe, Sie haben früher auch mal trainiert!« Das »früher« überhörte ich großzügig und fühlte mich als Gleichgesinnter. Meine Kinder sahen das vollkommen anders. Meine Frau enthielt sich der Stimme. Am folgenden Abend wurde zum ersten Mal in der Geschichte der Familie Zinner eine Familiensitzung von unseren Töchtern einberufen. Einziger Punkt auf der Tagesordnung war: PAPAS FREIER OBERKÖRPER. Es wurden diverse Punkte aufgeführt, warum es überhaupt nicht geht, dass ein Vater, also ich, sich »nackt« in der Küche herumtreibt. Alle Argumente konnte ich locker parieren, bis schlussendlich nur noch das Wort »peinlich« übrig blieb. Um den Familienfrieden und den Blutdruck meiner Töchter nicht zu gefährden, versprach ich, mich zu zügeln, was sichtliche Erleichterung zur Folge hatte. Meine Frau saß die ganze Zeit nur leicht schmunzelnd im Eck. Sie schwieg und genoss.

Am nächsten Morgen beim Frühstück gingen mir die Worte »Sie haben früher auch mal trainiert…« durch den Kopf. Der Blick in den Spiegel zeigte eindeutig, dass er recht hatte. An meinem Oberkörper konnte man zwar noch sportliche Spuren entdecken, aber im Großen und Ganzen ließ das 49-jährige Erscheinungsbild doch ziemlich zu wünschen übrig. Ich verzichtete auf meinen Nutella-Toast und machte mich auf den Weg ins Fitnessstudio. Im Internet hatte ich eine »Muckibude« ganz in der Nähe gefunden, die preislich erstaunlich günstig schien und brauchbare Öffnungszeiten hatte. Beim Eintritt in den Fitnesstempel stellte ich zu meiner Erleichterung fest, dass sich in den letzten dreißig Jahren nicht viel verändert hatte. Vor allem der Geruch war noch exakt so wie früher. Ich habe gelesen, dass sich Gerüche besonders tief in das Gehirn eines Menschen einbrennen, und diese Mischung aus Schweiß, zu viel schlechtem Deodorant und Testosteron hat schon eine beeindruckende Kraft. Ich atmete tief ein und fühlte mich jung. Am Eingang wurde mir die Dame für die Neuankömmlinge zugewiesen, die mich mit »Du« begrüßte, was meine Stimmung weiter hob. Ich durchlief das Aufnahmeprotokoll, und nachdem ich zum dritten Mal bestätigt hatte, keinen schwerwiegenden Herzfehler zu haben, wurde mir feierlich ein Mitgliedsarmband übergeben. Ich war bereit. Auf die abschließende Frage, ob ich denn einen Trainer bräuchte, lächelte ich nur. Das war nicht nötig. Das Gesicht meines Gegenübers schien nicht hundertprozentig überzeugt, dennoch zeigte sie mir den

Weg in die Umkleidekabine. Als ich durch die Schwingtür in den Garderobenbereich kam, fühlte ich mich gut. Alles kam mir vertraut vor. Was sind schon dreißig Jahre? Umziehen, Stahl stemmen, ein überteuertes isotonisches Getränk aus dem Automaten ziehen und über Aminosäuren philosophieren. Ich war mir sicher, mich nicht zu blamieren. Nur die Anzahl der Tätowierungen hatte deutlich zugenommen. Da bestand meinerseits definitiv Nachholbedarf. Alle im Raum nickten, also nickte ich auch und ging zu einem freien Spind. Ich versuchte, mir nicht anmerken zu lassen, dass ich mit der Öffnungsautomatik des Spinds nicht vertraut war. Mit etwas Mühe konnte ich endlich das Armband richtig an der Tür platzieren und sie öffnete sich – immer noch nickte ich, was vollkommen dämlich war, denn alle anderen nickten nur, weil sie Kopfhörer aufhatten und versuchten, sich mit ihrer Musik in den richtigen Trainingsrhythmus zu bringen. Ich stoppte meine Kopfbewegungen und zog mich um. An meinem *Jurassic-Park*-T-Shirt und meiner Schlabber-Jogginghose konnte man deutlich sehen, dass ich Outfit-technisch ein paar Jahrzehnte hinterherhinkte. Leggins schienen nun auch bei Männern »in« zu sein. Da ich mit hundertprozentiger Sicherheit wusste, dass ich kein Leggins-Typ war, schied das für mich aus. Dies schienen einige der Männer, die durchaus in meinem Alter und meinem Fitness-Zustand waren, vollkommen anders zu sehen. Schon lustig, wie sich diese Herren in ihre Höschen pressten. Wie wollten sie da jemals wieder herauskommen? Zu meiner Überraschung wurde dann noch eine kurze Hose über die Unter-Leggins gezogen. Diese Kombination musste doch unglaublich warm sein. Wir hatten Anfang Juni. Ich wurde aus meinen Gedanken gerissen, als sich der Mann neben mir ein dickflüssiges Eiweißgetränk mischte. »Mit einem Schuss Wodka schmeckt's vielleicht!« Ich versuchte es mit Humor, doch der Herr konnte mich nicht hören, weil er natürlich Kopfhörer trug. Wahrscheinlich war das aber auch besser so, denn er hatte schon einen sehr grimmigen und entschlossenen Gesichtsausdruck. Er trank die Hälfte seines sirupartigen Getränks mit einem Zug. Danach zog er aus seiner Tasche ein kleines Fläschchen und hielt es sich unter die Nase. Seine Augen weiteten sich, und er gab eigenartige Laute von sich. Ich musste an Ivan Drago aus *Rocky V* denken, behielt dieses Bild jedoch für mich und widmete mich meinen Socken.

Zwei Minuten später stand ich im Kurzhantelbereich. Fitnessstudios sind in der Regel in verschiedene Zonen eingeteilt. Der Kurzhantelbereich ist der für die echten Männer. Ich überlegte, ob ich mich aufwärmen sollte, und entschied mich, wie früher, natürlich dagegen. Als es mir direkt beim ersten Heben einer lächerlich leichten Hantel böse in die Schulter schoss, startete ich dann doch zuerst mit ein paar Aufwärmübungen. Das gab mir auch die Möglichkeit, die Leute besser zu beobachten, die mit mir trainierten. Ich entdeckte erstaunlich viele Fitness-Couples. Dieses Wort hatte ich vor ein paar Wochen in einer Zeitschrift gelesen, die beim Zahnarzt herumlag. Das Interessante war, dass meist die Frauen deutlich sportlicher erschienen als die Männer, der Mann aber jede Übung sehr geschäftig erklärte. Ich denke, meine Frau und ich sollten nicht zusammen in ein Fitnessstudio gehen. Als ich mich genug aufgewärmt hatte, ging ich an einen Seilzug, bei dem man im Sitzen Gewichte waagrecht nach hinten zog. Ich blickte zur Seite, um das Gewicht meines Nebenmannes zu checken. Dieses erschien mir angemessen. Also stellte ich das Gleiche bei meiner Maschine ein, spuckte in die Hände und zog. Es bewegte sich nichts, bis auf meine Augäpfel, die es nach außen drückte. Ich zog erneut, diesmal mit aller Kraft, die ich mobilisieren konnte, bis sich das Gewicht sehr langsam hob. Als ich die Hälfte geschafft hatte, verließen mich meine Kräfte und die Maschine holte mich zu sich. Es schepperte. Glücklicherweise nahm niemand davon Notiz, weil alle ihre Kopfhörer aufhatten. Die Schmerzen waren nicht von schlechten Eltern, doch ich konnte sie überspielen. Plötzlich tippte mir jemand auf die Schulter. Es war Georg. So stand es auf seinem Namensschild. Georg entpuppte sich als amerikanischstämmiger, supernetter Trainer, der mich beobachtet hatte und meinte, wenn ich so weitermache, werde ich die erste Woche hier im Fitnessstudio nicht ohne schwere

Verletzungen überleben. Da ich genau wusste, wie meine Ehefrau auf einen kranken oder verletzten Ehemann reagierte, stimmte ich seinem Vorschlag, mir ein paar Übungen zu erklären, gerne zu. In den letzten drei Jahrzehnten hatte sich dann doch einiges verändert, und ich war heilfroh, von einem richtigen Profi eine saubere Einweisung zu bekommen. Am Ende seiner Erklärung meinte er noch, ich solle doch ein- bis zweimal in der Woche ein paar Kilometer auf dem Laufband absolvieren, um mich vor dem drohenden Herzinfarkt zu schützen. Dabei lachte er. Na ja, Laufen war jetzt nicht direkt meine Stärke, aber für den ersten Tag meines Wiedereinstiegs ins Training wären acht bis neun Kilometer Laufband vielleicht ganz in Ordnung. Ich schlenderte locker zu Justin Timberlake, der aus den Studioboxen trällerte, in die Kardio-Abteilung. Hier waren die nicht so coolen Leute. Nach zwei, drei lässigen Stretching-Übungen stieg ich auf das mächtig aussehende Laufband. Das Gerät erklärte sich im wahrsten Sinne des Wortes selbst. Die Anweisungen wurden mir auf dem Bildschirm von einer übermotivierten, leicht bekleideten Frau entgegengeschrien. Das Video musste neben der Autobahn aufgenommen worden sein, da die Dame in ihr Helikopterpiloten-Headset hineinbrüllte, als gäbe es kein Morgen mehr. Ich befestigte das Pulsmessgerät an meinem Finger und beschleunigte. Auf dem Bildschirm vor mir sah ich mich imaginär durch eine Stadt laufen. Die Macher dieser Maschine hatten anscheinend Mitarbeiter in die verschiedensten Ecken der Welt geschickt, um sie abzufilmen. Auf meinem Bildschirm war Bad Reichenhall eingestellt. Das kam mir entgegen, da ich die Gegend recht gut kannte. Mit dem Geschwindigkeitsknopf erhöhte ich langsam das Tempo. Es ging mir gut, ich schwitzte leicht und Bad Reichenhall glitt an mir vorbei. Bis nach ein paar Minuten ein junger Mann auf das Laufband neben mir federte. Er hätte ohne Weiteres eines der anderen, weiter entfernten Laufbänder nehmen können, aber nein, er entschied sich für das genau neben mir. Er war spärlich bekleidet. Seine neongelben Läuferschuhe blendeten mich. Er trug ein T-Shirt mit sehr, sehr dünnen Trägern, damit man seine Muskeln sehen konnte, die sich sogar an Stellen abzeichneten, von denen ich gar nicht wusste, dass es dort welche gab. Zudem steckte er in einer winzig kleinen Läuferhose, die zusätzlich einen seitlichen Einschnitt hatte, damit bei hohen Geschwindigkeiten die Bewegungsfreiheit der Oberschenkel nicht gestört wurde. Mit knappen Worten: Er war eine austrainierte Angeber-Nuss. Nach wenigen Sekunden donnerte sein Laufband in einer bedrohliche Lautstärke. Meines summte leise wie eine Biene. Ich beschleunigte, doch es setzte umgehend Seitenstechen ein, sodass ich schnell wieder zu meinem »leisen« Tempo zurückkehrte. Der Mann neben mir absolvierte anscheinend eine Art Sprinttraining. In atemberaubendem Tempo jagte er, wie ich auf seinem Bildschirm sehen konnte, über die Pazifikinsel Hawaii. Da konnte mein Bad Reichenhall natürlich nicht mithalten. Während ich gerade überlegte, wie ich bei meinem Laufband die Einstellungen ändern konnte, stemmte sich die Angeber-Nuss auf einmal an den seitlichen Hartplastik-Halterungen nach oben, während unter ihm das Laufband in Höchstgeschwindigkeit weiterlief. Er nahm drei, vier Atemzüge und stieg dann bei vollem Tempo wieder ein – spektakulär. Ich hätte mir bei dieser Aktion sicher das Genick gebrochen oder ein paar Bänder gerissen. Diesen Vorgang wiederholte er mehrere Male, bis er mit einem mächtigen Satz von seinem Trainingsgerät hüpfte und es ausschaltete. Dann kam er zu mir, deutete mit dem Finger auf mich und sagte mit einem breiten Grinsen: »Das ist ganz richtig von Ihnen, dass Sie langsam anfangen.« Dann ging er von dannen. »Ihnen« war schon gemein, aber dass er mein Tempo als langsam bezeichnete, war eine Frechheit. Es war zwar nicht so hoch wie seins, aber immerhin schwitzte ich. Außerdem war er bestimmt fünfundzwanzig Jahre jünger und hatte neue Turnschuhe. Mein Tempo war dem Alter angemessen, und ich noch am Leben. Gut, das Pulsmessgerät hatte ich nach fünf Minuten von meinem Finger entfernt, weil es eindeutig falsche Werte anzeigte. Mein Herz konnte nach so kurzer Zeit auf keinen Fall so extrem schnell schlagen. Ich würde Georg nach meinem Lauf darauf aufmerksam machen müssen, dass der Pulsmesser kaputt war. Das Wort »langsam« machte mir zu schaffen. Ich wollte diese Beleidigung nicht auf mir sitzen lassen. Ich krempelte mein *Jurassic-Park*-T-Shirt an den Oberarmen gefährlich weit nach oben und erhöhte meine Schlagzahl, in dem ich an der Kontrollkonsole die Tempotaste drückte. Und es ging sogar – ja, die alte Maschine, also ich, schien doch noch etwas auf dem Kasten zu haben. Zahl um Zahl drückte ich die Geschwindigkeit nach oben, und mein Körper konnte mithalten. Die Lautstärke meiner Trainingsmaschine erhöhte sich ebenfalls. Schade, dass die Angeber-Nuss das nicht sehen, beziehungsweise hören, konnte. Ich hatte ein Runners-High. In meinem Körper schossen irgendwelche Botenstoffe, deren Namen ich leider nicht wusste, wild durcheinander. Mittlerweile flog ich fast durch Reichenhall, so schnell, dass man eigentlich das Video hätte nach vorne spulen müssen. In meinem Hochgefühl entfernte ich mich, zuerst unbemerkt, immer weiter von der Kontrollkonsole. Als ich mir der Gefahr bewusst wurde, befand ich mich schon bedenklich nah am Abgrund. Und hinter mir drohte noch zusätzlich der Stepper. Der Stepper ist ein Höllengerät, das mir mit seinen Tentakeln sicherlich lebensbedrohliche Verletzungen zugefügt hätte. Ich wollte aber nicht an einem Dienstag sterben und gab noch einmal alles. Zentimeter um Zentimeter kam ich der Kontrollkonsole näher, bis ich es schließlich schaffte, den »NOTHALT« zu drücken. Ich war mir sicher, dass durch die Betätigung des großen roten Knopfes das Laufband langsam seine Geschwindigkeit verringern würde. Aber leider handelte es sich bei meinem Trainingsgerät um ein älteres Modell, wie mir später Georg erklärte, bei dem »Stopp« nun einmal »Stopp« bedeutete. Ich donnerte mit enormer Kraft in die Hartplastikfront des Geräts. Der Knall musste das ganze Fitnessstudio erschüttert haben, war mein erster Gedanke. Anscheinend war dies aber nicht der Fall, denn alle trainierten fröhlich weiter, während ich, leicht verdreht, schräg unter der Maschine lag. Da wirklich alle, ohne Ausnahme, Kopfhörer trugen, hatte niemand meinen Einschlag mitbekommen. Das war zwar gut, weil es mir eine große Peinlichkeit ersparte, aber leider eilte mir auch niemand zu Hilfe. Ein Schluck Wasser und ein paar aufmunternde Worte wären toll gewesen. Ich vermisste meine Frau. Langsam kämpfte ich mich wieder nach oben. Meine Bänder und Sehnen schienen überraschenderweise ohne große Schäden davongekommen zu sein. Nur eine kleine Beule an meiner Stirn zeugte von meiner halsbrecherischen Aktion. Völlig fertig schlich ich in die Umkleide. Ich saß durchgeschwitzt auf der Bank und überlegte, wie ich runter zu meinen Turnschuhsenkeln kommen sollte, als der Mann neben mir, ein fast am ganzen Körper tätowierter Typ, freundlich sagte: »Wow, Sie haben richtig trainiert!« Ich konnte nur mit einer Art Pfeifton antworten. Mehr ließ mein Zustand noch nicht zu. »Was nehmen Sie so?«, war seine anschließende Frage. Wieder pfiff ich. Ich versuchte, den Pfiff am Ende tonal nach oben gehen zu lassen, um dem Ganzen den Anschein einer Gegenfrage zu verleihen. Anscheinend funktionierte das, denn er erklärte mir, dass er seinem Körper Aminosäuren, Kreatin, Eiweiß-Shakes und diverse andere Substanzen zuführte, um einen optimalen Muskelaufbau zu erreichen. Wieder fragte er: »Na, sagen Sie schon, was nehmen Sie?« Ich atmete so tief wie möglich ein und antwortete: »Kohlrabi und Weißbier.« Mein Gegenüber nickte beeindruckt. Dann versuchte ich es mit einer weiteren Pointe: »Da gibt man richtig Gas!« Das schien er jedoch nicht zu verstehen. Er verabschiedete sich Richtung Kurzhantelbereich. Ich kam langsam wieder zu Kräften und ließ meinen Blick durch die Umkleidekabine schweifen. Am Ende der Bank saß ein ziemlich dicker Mann, der ebenfalls etliche Tattoos auf seinem Körper trug. An seinem Genick konnte ich zwei kleine Engelsflügel erkennen. Ob diese bei seinem Gewicht reichen würden, um ihn nach dem Tode in den Himmel zu bringen, schien mir äußerst zweifelhaft. Da müssten noch einige Engel Hilfestellung leisten. Doch nach meinem Laufbandfiasko sollte ich nicht gescheit daherreden. Schweigend zog ich mich an und ging nach Hause. Ich beneidete den Rentner neben mir auf dem Gehweg um seinen Rollator.

Am nächsten Morgen hatte ich die Mutter aller Muskelkater. Kombiniert mit den Prellungen, die der Einschlag hervorgerufen hatte, fühlte es sich wie eine Art Ganzkörperschmerz an. Ich hörte, dass Lotte und ihr Freund in der Küche waren. Sie lachten. So schnell würde ich nicht lachen, und wenn, dann nur unter sehr großem Leid. Ich zog mir ein weites T-Shirt an und gesellte mich zu ihnen in die Küche. Dass ich nicht mit freiem Oberkörper dort auftauchte, wurde von meiner Tochter sichtlich erleichtert wahrgenommen. Ihr Freund begrüßte mich mit den Worten: »Hallo, Herr Zinner, wie geht's? Ein Bekannter von mir hat Sie gestern im Fitnessstudio gesehen. Vielleicht können wir ja mal zusammen trainieren?« Ich wurde rot. »Warum nicht?«, war meine kurze Antwort. Danach ging ich in mein Zimmer zurück. Nachfragen meiner Tochter ließ ich unbeantwortet.

# DIE DEUTSCHE EICHE

*Anlässlich des Geburtstags meines Sohnes,*
*bekam selbiger, wie er fand, etwas sehr Schönes,*
*nämlich ein kleines unscheinbares Buch,*
*das für den Menschen, der so etwas sucht,*
*die wahre Freude bringt in dessen Herzen,*
*für den Rest der Welt bedeutet es nur Schmerzen.*
*»Yoga für Kinder« stand dort in verdächtig gewundenen Lettern,*
*und schon bogen wir uns auf den Brettern,*
*so, dass es mich zu der Vermutung trieb,*
*dass es der Asiate gerne schmerzvoll liebt,*
*aber so ein Kind übt halt nicht gern alleine,*
*und die moderne Welt verlangt biegsame Beine,*
*also verbiegt sich der Herr Papa jeden Tag nun das Gestell,*
*beim morgendlichen »Frühappell«.*

*»Man soll beweglich werden wie ein Baum im Winde,*
*weil man so am besten zu sich selber finde.«*

*Ja. Doch scheint mir, hat der Verfasser dieses Buches,*
*im Sinne sicherlich nur Gutes,*
*aber war er einer Tatsache sich nicht bewusst,*
*gut, vielleicht hatte er es einfach nicht gewusst,*
*dass der Baum an sich, im Asiatischen Bereich,*
*sich von Natur aus leichter neigt,*

*ob dies nun allein am Klima liegt,*
*dass er sich viel lieber biegt,*
*weiß ich nicht, ich bin kein Baumexperte,*
*auch zugegebenermaßen keine Gerte,*
*als durchschnittlichen Deutschen Laubbaum,*
*könnte man mich wohl bezeichnen.*
*Ja, nennen wir mich ruhig eine »Deutsche Eiche«.*
*Und die, das ist wohl weißlich weltbekannt,*
*wankt, äußerst selten, kennt seine Pflicht,*
*und wenn auch mancher abschätzig darüber spricht,*
*steht kerzengrade, oder bricht.*

# ULI UND ICH

Meine Aufgabe war klar definiert. Ich durfte den Einkaufswagen schieben. Das war eine ehrenvolle, wenn auch unbefriedigende Tätigkeit, aber ich versuchte mein Bestes, dabei einen gewissen Rest Würde auszustrahlen. Wir standen inmitten eines großes Baumarktes in München, und mein Schwiegervater sondierte die Lage. Er war topvorbereitet. Er hatte sich akribisch die kürzesten Laufwege auf einem Zettel notiert. Den Lageplan des Ladens hatte er auswendig gelernt. Ich kam mir vor wie in einem Kriminalfilm, bei dem ein Gauner-Duo eine Bank ausräumen will. Doch davon waren wir weit entfernt, leider. Mein Schwiegervater mahnte mich zur Konzentration, obwohl ich nichts gemacht hatte, außer auf meine nächste Anweisung zu warten. Schon bei der Auswahl des Einkaufswagens schwante mir nichts Gutes. Es dauerte geschlagene fünf Minuten, bis wir den richtigen Wagen gefunden hatten. Es war anscheinend von entscheidender Bedeutung, dass das Gefährt optimale Laufeigenschaften aufwies. Beim ersten Wagen gefiel ihm die Stellung der Räder nicht, beim zweiten verspürte er ein leichtes Bremsen auf der Vorderachse, der dritte war hygienisch in einem nicht zufriedenstellenden Zustand. Mit diesen Einkaufswägen konnte man unmöglich professionell einkaufen. Erst Modell Nummer vier erwies sich als würdig. Nachdem mein Schwiegervater damit zwei kleine Proberunden auf dem Parkplatz gefahren war, gab es einen Daumen hoch. Die ganze Aktion erschien mir als äußerst fragwürdig, da eh ich den Wagen schieben sollte. Er traute mir anscheinend nicht viel zu. Diese Einschätzung ist in der Familie meiner Frau ziemlich verbreitet, da sich immer, wenn es ums Heimwerken geht, ein leichtes, kaum sichtbares Lächeln auf die Gesichter der Familienmitglieder legt. Dass in mir kein Experte in Sachen Neuverfugung, Bohrung und Malerei steckt, weiß ich, aber dass man mir nicht einmal die Auswahl des richtigen Einkaufswagens zutraute, stellte meine angeheiratete Familie in ein neues Licht. Ich wollte gelassen bleiben und schlug vor, einen Kaffee in der am Eingang befindlichen Bäckerei zu trinken. Ob ich denn wahnsinnig sei, schallte es mir entgegen. Man müsse sich voll auf den Einkauf fokussieren, schließlich galt es, zwei Regale inklusive Schrauben, Dübeln und Winkeln zu besorgen. Außerdem sei das Preis-Leistungs-Verhältnis der Bäckerei absolut inakzeptabel. Mein Schwiegervater schüttelte den Kopf und spurte voran. Ich hatte Mühe, mit ihm Schritt zu halten. Daher musste meine Frau wohl ihre hohe Schrittgeschwindigkeit herhaben. Die Gene also, ich verstand. Fast hätte ich meinen Vorarbeiter verloren, als dieser in halsbrecherischem Tempo links um den Makita-Stand bog. Mein Wagen erwies sich, trotz Probefahrt, als ziemliche Schwundhenne, da sein rechtes hinteres Rad alle drei, vier Meter leicht blockierte. Als ich um die Ecke fuhr, donnerte ich meinem Schwiegervater fast in die Hacken. Er stand wie ein Schatzsucher sinnierend im Raum und checkte die Koordinaten. Meine Anmerkung, dass der Wagen hinten rechts lahmte, wischte er mit einer Handbewegung beiseite. Das konnte nicht sein, er hatte ja den Wagen selbst ausgesucht. Ich überlegte kurz, ob ich einen Streit vom Zaun brechen sollte, entschied mich dann aber für die willenlose Gefolgschaft. Er hob die Hand. Anscheinend hatte er das Gesuchte gefunden und beschleunigte. Ich trabte schweigend hinterher. Mir fiel auf, dass fast ausschließlich Männer durch die Gänge des Baumarktes liefen. Eine Mischung aus Handwerkern, Rentnern und Häuslebauern, oder eine beliebige Kombination daraus. Und hier schien der Einkaufszettel durchaus erlaubt zu sein. Das überraschte mich, da im Supermarkt der Einkaufszettel als Zeichen der Schwäche gedeutet wurde. Ich werde von meiner Frau sehr oft mit einer Liste ausgestattet, damit ich keine eigenen Ideen habe. Das verstehe ich, da ich, gerade beim Einkaufen im Supermarkt, gerne einmal abschweife und mit allem Möglichen nach Hause komme, nur nicht mit dem dringend Benötigten. So jedenfalls interpretiert es meine Frau. Ich finde es durchaus erfrischend, vom Plan abzuweichen. Doch so klappt das halt nicht in der Planwirtschaft, deshalb der Einkaufszettel. Das Perfide an der Sache war, dass viele Männer, die auch eine Liste bei sich trugen, die anderen Männer nicht als Gleichgesinnte sahen, sondern als Loser. Nur weil sie versucht hatten, sich auf dem Weg zum Supermarkt krampfhaft alle Produkte zu merken, um dann im Laden ohne Zettel den Einkauf zu meistern. Nicht nur, dass viele krachend daran scheiterten, nein, ich als ehrliche Haut, die den Zettel offen bei sich trug, wurde mit abschätzigen Blicken gestraft. Manche dieser Feiglinge schnauften auch überheblich aus. Ich empfinde das als diskriminierend.

Mein Name wurde laut durch den Baumarkt gerufen. Mein Schwiegervater schaute streng durch ein Regal. Wo ich denn bliebe, war die Frage. »Wir haben schließlich keine Zeit.« Das war lächerlich. Ein Rentner kann gar nicht so viele Termine haben, wie mein Schwiegervater immer vortäuschte. Ich holte ihn ein. Wir standen vor einem mächtigen Regal, in dem sich die gesuchten Schrauben und Dübel befanden. Die Auswahl war enorm, nur schien mein Vorarbeiter damit nicht zufrieden. Er blickte suchend umher. Ich ergriff das Wort und nahm einen Kombi-Pack, der mir als ausreichend erschien, aus dem Regal. »Die sind doch fein.« Mein Schwiegervater senkte den Kopf, als hätte Deutschland in letzter Sekunde das Finale der Fußballweltmeisterschaft verloren. Wahrscheinlich dachte er, dass seine Tochter mit mir doch einen Fehlgriff gemacht hatte. »Die sind sogar im Angebot!« Ich war von dem Päckchen vollkommen überzeugt. »Nee, nee, nee…« Er atmete unrhythmisch und hielt sich die Hand vor die Augen. Dann ging er davon. Während ich ihm nachblickte, legte ich den Kombi-Pack wieder zurück. Ich war mir ziemlich sicher, dass er einen Mitarbeiter des Baumarktes suchte, mit dem er fachsimpeln konnte. Das haben Heimwerker so an sich. Immer muss g'schafftelt werden. Das ist ein Gendefekt, den man auch mit starken Medikamenten nicht in den Griff bekommt. Ich lächelte müde, da ich nicht daran glaubte, dass er einen Mitarbeiter finden würde. Wenn ich in großen Notlagen und nur wenn wirklich gar kein anderer Zeit hat, von meiner Familie in den Baumarkt geschickt werde, natürlich mit Liste, und ich einen dort angestellten Mitarbeiter fragen will, habe ich das Gefühl, sie verstecken sich oder laufen sogar vor mir davon. Mein Vorarbeiter hatte da mehr Glück. Als ich ihn eingeholt hatte, klopfte er gerade auf eine Werkbank, hinter der ein Mann in Baumarkt-Uniform kniete. Dann fragte er ihn in astreinem Sächsisch: »Nü, junger Mann, gönnen Sie mir helfen?« Der junge Mann, der Mitte fünfzig war, erhob sich und antwortete: »Natürlisch gann isch Ihnen helfen.« Uli hatte also einen ostdeutschen Stammesbruder gefunden. Sie lächelten sich an. Von mir nahm niemand Notiz. Sie verstanden sich sofort blendend. Mit mir war in einem Baumarkt noch nie so freundlich gesprochen worden. Schnell konnten sie sich auf ein Produkt einigen, das den Anforderungen entsprach. Sie gingen in die Richtung, aus der wir gekommen waren. Als ich eine Frage stellte, winkten beide gleichzeitig ab, ohne mich anzuschauen. Die zwei gingen flott voran, aber ich konnte folgen. Wir landeten genau bei dem Regal, an dem mein Schwiegervater und ich vor knapp fünf Minuten nach den Schrauben gesucht hatten. Der Fachmann deutete auf eine Packung, die mir bekannt vorkam. Uli nickte zufrieden, dann holte er sie aus dem Regal. Es war genau der Kombi-Pack, den ich vorher in der Hand hatte und über deren Auswahl mein Schwiegervater so verzweifelt war. Ich versuchte es mit einer ironischen Anmerkung, die von beiden Männern mit einem Killer-Blick im Keim erstickt wurde. »Der Herr ist ein Fachmann«, wurde mir erklärt. »Schon klar«, murmelte ich und ging genervt von dannen. Ich hatte keine Lust mehr, für die zwei Experten den Wagenschieber zu spielen. Außerdem war ich mir sicher, dass sie mich nicht vermissen würden. Ich streifte durch den Baumarkt, bis ich in der Gartenabteilung landete. Hier gefiel es mir. Das Klientel änderte sich beim Betreten dieses Bereichs schlagartig. Der Frauenanteil war deutlich höher, und die anwesenden Männer schienen von einer gewissen Gelassenheit beseelt. Bei den Kräutern fragte mich eine Frau, ob ich denn gerne koche. Mein professioneller Griff in den Rosmarin schien mich verraten zu haben. Ich bejahte die Frage, und wir unterhielten uns in den folgenden Minuten ausgiebig über Römertopf-Gerichte. Ihre Vorliebe für Rotwein verstärkte meine Zuneigung, natürlich nur im Sinne der Kochkunst. Mit einem Stift, den ich mir an der Infotheke der Gartenabteilung geklaut hatte, notierte ich mir ein Rezept für Burgunder-Huhn. Bei der Zubereitung fiel dem Estragon eine entscheidende Bedeutung zu. Als wir gerade über die Größe der Stücke in einem Gulasch philosophierten, knackte auf einmal die Lautsprecheranlage. Nach einer kurzen Pause hörte ich meinen Namen, der von einer offenbar türkischstämmigen Mitarbeiterin durch den Baumarkt gerufen wurde. Ich solle mich doch bitte beim Informationsstand im Eingangsbereich melden. Im Hintergrund soufflierte mein Schwiegervater. Ich ignorierte die Durchsage und widmete mich wieder meiner Gesprächspartnerin. Wir waren uns einig, dass die Gulaschstücke auf gar keinen Fall zu klein sein durften. Über die Frage, ob Speck in einem echten Gulasch etwas zu suchen hatte, waren wir uns uneinig, doch das störte unsere Harmonie nicht im Geringsten. Wieder knackte die Lautsprecheranlage. Mein Schwiegervater hatte die Kontrolle übernommen. Ich solle doch gefälligst jetzt schleunigst zum Ausgang kommen. Er würde nicht länger warten. Mein Gegenüber schüttelte den Kopf und sagte: »Der Sachse hat ja einen ganz schön strengen Ton am Leibe, finden Sie nicht auch?« Ich stimmte ihr zu. »Dieser arme Stephan muss ja ganz schön was aushalten.« »Ja, ja, Sie haben vollkommen recht«, sagte ich leise. Dann schaute sie mich mit großen Augen an und fragte: »Wie heißen Sie?« »Uwe«, war meine Antwort. »Also dann, Uwe, ich muss jetzt los. Es hat mich sehr gefreut, mit Ihnen zu ratschen.« »Ganz meinerseits.« Wir verabschiedeten uns. Danach ging ich noch ein, zwei Minuten durch die Gartenabteilung, bis ich den Weg in Richtung Kasse einschlug. Ich wollte meinen Schwiegervater dann doch nicht zu lange schmoren lassen. Als ich dort eintraf, stand er mit den Händen in den Hüften vor einem übervollen Einkaufswagen. Darin befanden sich nicht nur die zwei Regale, sondern noch diverse andere Dinge, deren Sinn und Zweck mir in keinster Weise einleuchteten. Ich hatte die Vermutung, dass ihm sein Stammesbruder bei ihrem Fachgespräch einiges aufgeschwatzt hatte. »Nü, wo bleibst du denn, mein Junge?«, fragte mich mein Vorarbeiter kopfschüttelnd. »Tut mir leid, Uli, aber ich habe mich verlaufen. Du weißt ja, ich bin nicht so oft im Baumarkt.« Mit einem »Nei, nei, nei…« drehte er sich um und schob den Wagen an die Kasse. Als wir in der Schlange standen, erlaubte ich mir die Frage, ob wir denn wirklich alle Sachen, die sich da im Einkaufswagen befanden, brauchen würden. Er ermahnte mich, dass sein neuer Freund, der Roger, ihn exzellent beraten hätte. Alle Artikel wären von absoluter Notwendigkeit für den professionellen Aufbau von zwei Regalen. Ich schwieg, dann bezahlte ich an der Kasse und musste feststellen, dass so eine absolut notwendige Profi-Ausrüstung sehr viel Geld kostet. Mit einiger Mühe schoben wir den schwer beladenen, leicht hinkenden Einkaufswagen aus dem Baumarkt. Als wir dann am Parkplatz versuchten, die Waren in den BMW meines Schwiegervaters zu räumen, mussten wir feststellen, dass der Wagen der Bayrischen Motoren-Werke kein Platzwunder war. Nach mehreren Versuchen, die gekauften Artikel in verschiedensten Anordnungen im Auto zu verstauen, stand eines fest: Ich hatte keinen Platz mehr. Meinem Schwiegervater war es ziemlich peinlich, weil er noch bei der Abfahrt heute Vormittag von der unterschätzten Größe seines Fahrzeugs geschwärmt hatte. Doch es half nichts, ich musste hierbleiben. Nachdem ich Uli versichert hatte, dass ich locker mit dem Bus nach Hause fahren konnte, stieg er in sein Raumwunder und fuhr vom Parkplatz. Ich ging wieder in den Baumarkt. Mein Handy klingelte, als ich mir gerade meinen zweiten Kaffee von dem netten jungen Mann in der Bäckerei am Eingangsbereich einschenken ließ. Es war meine Frau. Sie schilderte mir, dass ihr Vater aufgeregt von den unglücklichen Umständen meiner Nichtberücksichtigung berichtet hatte. Anscheinend machte sie sich ein bisschen Sorgen um mich. Während ich mich zu meinem gerade erstandenen Estragon setzte, beruhigte ich meine Frau und erzählte ihr, dass ich mir einfach ein Taxi nehmen würde, da die Busverbindung hier nur sehr sporadisch war, was übrigens stimmte. Manche Teile Münchens kann man mit öffentlichen Verkehrsmitteln nur einmal am Tag erreichen. Sie und ihr Vater könnten ja schon in aller Ruhe mit der Befestigung der Regale beginnen, schlug ich vor. Auf meine Frage, ob sie mich dazu unbedingt benötigten, kam ein schnelles »Nein«. Wir verabschiedeten uns. Ich nahm ihre Aussage, ich könne mir ruhig Zeit lassen, beim Wort und streifte noch eine gute Stunde durch den Baumarkt. Ich kaufte ebenfalls ein paar vollkommen unnötige Dinge und trank noch zwei Tassen Kaffee. Bei der Heimfahrt musste der Taxifahrer am Olympiagelände anhalten, weil ich dringend pinkeln musste.

## DER SCHREIB-SCHMINK-TISCH

Der letzte Sommer war sehr heiß, und Emmas Zimmer ist das kühlste in unserer Wohnung. Deshalb saß ich in den Sommermonaten öfters am Schreibtisch meiner Tochter und arbeitete. Anfangs fiel es mir gar nicht auf, aber am dritten oder vierten Tag bemerkte ich, dass sich auf ihrem Schreibtisch eigentlich keine Stifte, Hefte oder irgendetwas, das ich mit dem Wort »Schule« in Verbindung bringen konnte, befanden. Es standen und lagen dort ausschließlich Dosen, Flaschen und Tuben, die dem Zweck der Selbstverschönerung dienten. Meine Tochter ist vierzehn, und in diesem Alter wird dem Aussehen sehr viel Zeit gewidmet, aber dass sie ihre Arbeitsmaterialien gänzlich von ihrem Schreibtisch verbannt hatte, erstaunte mich. Da im ganzen Schuljahr noch kein Hinweis auf fehlende Heimarbeit bei uns eingetroffen war, ging ich davon aus, dass Emma ihre Hausaufgaben ordentlich erledigte, nur wo? Das Zimmer einer Vierzehnjährigen sieht ständig so aus, als wäre gerade ein Hurrikan der Stufe fünf hindurchgezogen und hätte eine Spur der Verwüstung hinterlassen. Hier gab es nicht das kleinste freie Fleckchen, nicht einmal auf dem Fußboden, wo man ein Heft hätte ablegen können, geschweige denn, wo man in diesem Heft hätte schreiben können, ohne mit größerem Gefälle im Schriftbild rechnen zu müssen. Das Bett war eine Art waagrechter Kleiderschrank. In, beziehungsweise auf dem nicht klar zu erkennen war, was gebrauchte und was frische Wäsche sein konnte. Wie meine Tochter da den Überblick behielt, war mir ein Rätsel, rang mir aber tiefen Respekt ab. Meine Frau hatte die Vermutung, dass im Zweifelsfall sicherheitshalber mal alle Kleidungsstücke als schmutzige Wäsche deklariert wurden, was dazu führte, dass an manchen Tagen eine ganze Wagenladung »dreckiger Wäsche« vor der Waschmaschine landete. Man hätte sich natürlich die Mühe machen und an jedem einzelnen Teil riechen können, aber das war mit gesundheitlichen Risiken verbunden und strengstens verboten. Der Boden in ihrem Zimmer war nicht minder für Hausaufgaben ungeeignet, da wirklich alles, was meine Tochter besaß, dort verteilt lag. Auf Nachfrage wurde mir mitgeteilt: »Das tue ich, damit ich den Überblick behalte.« Vielleicht machte sie es wie ich und ging in ein anderes Zimmer, um Hausaufgaben zu machen? Das erschien mir aber als abwegig, da meine Tochter nur sehr, sehr ungern ihre Teenager-Höhle verließ. Sie konnte darin tagelang vor sich hin leben.

Ich saß an Emmas Schreib-Schmink-Tisch und betrachtete die Utensilien. Es gab sehr viele Cremes. Ich besitze eine Creme, die mir meine Frau geschenkt hat, damit ich nicht so schnell alt werde, und ich benutze sie regelmäßig, weil ich gelesen habe, dass Hugh Jackman auch Cremes verwendet. Bei so vielen verschiedenen Cremes den Überblick zu behalten, erschien mir als extrem kompliziert, aber äußerst wichtig, da ich aus eigener Erfahrung wusste, dass das Mischen von unterschiedlichen Pflegeprodukten zu bösen Unfällen führen konnte. Einmal war mir nämlich besagte Anti-Aging-Creme bei der Hälfte meines Gesichtes ausgegangen, und ich hatte, damit ich nicht mit zwei total unterschiedlich gealterten Gesichtshälften dastand, heimlich eine Creme von meiner Frau hergenommen, die meinem Produkt täuschend ähnlich sah. An den paar Stellen, an denen sich die zwei Lotionen mischten, das heißt, in der Mitte der Stirn und am Kinn, kam es dann zu einer chemischen Reaktion. Es wurde heiß und es brannte ganz furchtbar, so als wäre ich von einer Ameisenhorde angepinkelt worden. Außerdem veränderte die Haut an diesen Stellen ihre Farbe und wurde rotbraun, man könnte sagen rostig. Ich war mir sicher, dass meine Tochter auf gar keinen Fall rostig werden wollte, da schon der Anflug eines Pickels bei ihr zu üblen

Stimmungsschwankungen führen konnte. Eine Rostbeule hätte definitiv in eine lang anhaltende Krise gemündet. Hinter einem Trockenshampoo entdeckte ich eine Art Zange, die der Form nach zu urteilen für die Wimpern gedacht war. Nachdem ich mich versichert hatte, dass sich außer mir niemand in der Wohnung befand, probierte ich dieses eigenartige Instrument an mir aus. Der Selbstversuch endete schmerzvoll. Außerdem konnte ich beim besten Willen keine optische Veränderung meiner Wimpern entdecken. Höchstwahrscheinlich hätte ich mir zuvor auf YouTube ein Tutorial anschauen müssen. Es gibt mittlerweile wirklich für fast alles ein Erklär-Video, egal ob fürs Fisch-Ausnehmen, die richtige Nasenrasur, den weltbesten Pfannkuchen oder Selbstverteidigungs-Tipps. Vielleicht wäre die Zange eher zur Abwehr von potenziellen Angreifern als für die Optimierung meiner Wimpern geeignet gewesen. Ich legte sie wieder vorsichtig an den Platz zurück, an dem ich sie gefunden hatte. Leider tränte mein rechtes Auge von meiner vergeblichen Wimpernoptimierung, weshalb mein Sichtfeld eingeschränkt war und ich beim Zurückziehen meiner Hand einen BALEA-Schaumfestiger mit Volumen-Effekt zum Kippen brachte, der wiederum auf einen ALVERDE-Schaumfestiger für Starken Halt stürzte, der seinerseits das danebenstehende BALEA-Wasserspray Aqua pure Erfrischung für Gesicht und Körper rammte. Diese Kettenreaktion brachte alles, was sich auf dem Schmink-Schreib-Tisch meiner Tochter befand, ins Wanken und Fallen. Ich versuchte, ein beigefarbenes Spray vor dem Sturz auf den Parkettboden zu retten, und griff danach. Dummerweise erwischte ich die Dose so unglücklich, dass mein Griff einen Sprühstoß auslöste, der mich voll im Gesicht erwischte. Nun konnte ich gar nichts mehr sehen und fühlte mich, als hätte jemand eine Ladung Pfefferspray auf mich abgefeuert. Nur dass in meinem Fall das Pfefferspray nicht nur höllisch brannte, sondern auch noch unglaublich stark nach Vanille duftete. Bei Vanilleschoten mit einem solchen intensiven Geschmack musste es sich um eine Neuzüchtung handeln. Meine Zunge wurde pelzig. Ich schmeckte eine Süße, die ich in meinem ganzen Leben noch nicht in den Mund bekommen hatte. Mit letzter Sehkraft griff ich zu einer auf dem Bett liegenden Decke und warf sie über das Gehege der Meerschweinchen. Sie sollten auf gar keinen Fall zu viel von diesem Duft abbekommen. Ihre Sinnesorgane waren um einiges sensibler als die der Menschen. Nie wieder würde für sie ein Salat nach Salat oder eine Karotte nach Karotte schmecken, wenn ihr Gehege etwas von diesem Kampfstoff abkriegen sollte. Ich schleppte mich ins Bad und stellte mich in voller Montur unter die Dusche. Das Wasser lief über mein Gesicht. Langsam wurde das Brennen in den Augen schwächer, und nachdem ich meinen Mund mit allem, was ich zur Zahnreinigung im Badezimmer fand, mehrere Male ausgespült hatte, kam auch langsam mein Geschmackssinn zurück. Meine Kleidung schmiss ich sofort in die Waschmaschine und kochte sie. Ob mein T-Shirt diesen Waschvorgang überleben würde, war mir egal, Hauptsache ein anderer Duft. Ich schaute nach den Meerschweinchen, die sich in die letzte Ecke ihrer Hütte verzogen hatten, doch sie wirkten normal und knabberten ruhig an einer grünen Paprika. Ein Glück – sie waren nicht kontaminiert worden. Dafür herrschte auf dem Schreibtisch ein heilloses Durcheinander. Ich versuchte mich zu erinnern, an welcher Position die einzelnen Flaschen und Dosen gestanden hatten, doch das war auf Grund ihrer Ähnlichkeit absolut unmöglich. Nach mehreren Minuten hatte ich eine für mich akzeptable Ordnung gefunden. Was meine Tochter davon hielt, stand in den Sternen. Ich zog mich erschöpft ins Wohnzimmer zurück.

Nach den actiongeladenen Ereignissen der letzten Minuten schlief ich sofort auf dem Sofa ein. Ich träumte wild. In meinem Traum stand ich in einer Metzgerei und konnte die mir zum Probieren angebotenen Wurstwaren nicht am Geschmack erkennen. Alles schmeckte süßlich und ganz furchtbar nach Vanille. Es war ein Albtraum. Die Verkäuferinnen hatten Meerschweinchen-Kostüme an. In der Auslage lag Markus Söder. Mit seinem Handy schoss er Dutzende Selfies von sich mit verschiedenen Schinken und Würsten in der Hand. Danach versuchte er, die Selbstporträts zu posten, und schimpfte ganz unchristlich über das extrem schlechte Handynetz in diesem Scheiß-Land. Wirklich ein ganz schlimmer Albtraum. Jemand rüttelte an mir. Ich wurde wach. Vor mir stand meine Tochter. Sofort hatte ich ein schlechtes Gewissen. Emma hatte meine Arbeitsunterlagen in der Hand, die ich bei dem ganzen Trubel auf ihrem Schreibtisch vergessen hatte. Sie schaute mich streng an. »Papa, das ist schon okay, wenn du bei mir arbeitest, aber wenn du mein Bodyspray benutzen willst, solltest du mich vorher fragen. Das ist sehr teuer.« Ich nickte. »Und wenn du es benutzt, solltest du nicht so viel davon hernehmen. Ein Sprühstoß langt.«

»Ich weiß«, antwortete ich niedergeschlagen.

»Und nicht auf die Meerschweinchen«, sie hob mahnend den Zeigefinger.

»Ja, sicher, ich werde darauf achten.«

Emma schaute zufrieden. Bevor sie das Wohnzimmer verließ, gab sie mir noch einen Zettel von der Schule. Es ging um einen drohenden Elternabend. Das Thema war schlicht mit einem Wort erklärt: »Hausaufgaben.«

# DEMONSTRANT WIDER WILLEN

Der Anlass war ein friedlicher. Meine Gitarre hatte ein Problem und ein Freund hatte die Lösung. Beziehungsweise hatte er das Teil, das mein Instrument wieder in die Spur bringen sollte. Meine einzige Aufgabe: eine Fahrt mit dem Radl quer durch die Stadt, Ersatzteil holen, zurückfahren, Teil einbauen und dann weiter proben. Da ich ein paar Tage nicht in der Stadt war, hatte ich die aktuelle Bedrohungslage nicht auf dem Schirm, was dazu führte, dass sich meine Streckenwahl als ziemlich kompliziert herausstellte. Auf dem Weg, den ich zu meinem Spezl immer fuhr, stellte sich mir an diesem Tag eine nicht unerhebliche Zahl von finster dreinblickenden Bereitschaftspolizisten in den Weg. Ich verstand ihren extrem missmutigen Gesichtsausdruck sofort – bei 29 Grad im Schatten mit der Kampfuniform in der Sonne stehen ist kein Spaß. Verständnisvoll grüßte ich freundlich. Die Pause, die dann entstand, ließ nichts Gutes vermuten, und die Frage, die kam, war dem Klang nach zu urteilen heute schon öfters gestellt worden: »Wo wollen Sie hin?« Ich sagte wahrheitsgetreu: »Zu einem Freund, weil meine Gitarre kaputt ist und…«, an der Stelle wurde ich schon unterbrochen: »Wollen Sie auch zu dem Linken-Verein?«, wurde mir in solidem Niederbayrisch entgegengebellt. Ich sortierte meine Gedanken. Schnell kristallisierte sich die Bedrohungslage in meinem Kopf. Die IAA war in der Stadt, das wusste ich. Es gab Gegendemonstranten, das wusste ich auch. Ich hatte eine Gitarre auf dem Buckel, das war unübersehbar. Sollte es wirklich so einfach sein? Hielt mich der Polizist für einen linken Aktivisten, weil ich eine Gitarre auf dem

Rücken trug? Außerdem war mein Outfit eher locker, urlaublich. Wäre mir die Frage auch gestellt worden, wenn ich einen Anzug angehabt hätte? Hätte ich weiterfahren dürfen, wenn ich keine Gitarre umgeschnallt und Lederslipper angehabt hätte? Der Polizist vor mir wurde lauter: »Wollen Sie auch zu diesen Linken, will ich wissen?« Mein Nacken verspannte sich, und meine Kabarettisten-Gene wurden aktiviert. Natürlich war das, was jetzt passierte, ein Fehler, aber es war auch nötig: »Wieso?«, fragte ich. »Darf ich nur durchfahren, wenn ich zu den Rechten will?« Die Polizisten musterten mich genauer. Ich kam in Fahrt. »Wieso versperren Sie eigentlich die Fahrbahn?« Die Truppe vor mir nahm langsam Haltung an. »Sie machen im Grunde nichts anderes als die Klimaaktivisten, außer dass Sie sich nicht festkleben...« Eine kräftige Hand griff an meine Schulter, sodass es mich fast vom Radl haute. »Jetzt mal langsam, mein Herr!«, sagte ein Polizist, der sich fies von der Seite angeschlichen hatte. »Warum? Freie Fahrt für freie Bürger, Herr Polizist? Oder gilt das nicht für Radlfahrer?« Jetzt war ich echt sauer. »Sie dürfen hier nicht durch!«, rief ein Polizist aus der zweiten Reihe. »Warum? Weil ich ein linker Gitarren-Attentäter sein könnte? Sie haben recht. Die Gitarre auf meinem Buckel ist ein Raketenwerfer. Ein linker Raketenwerfer natürlich!« Ich schwitzte und stieg von meinem Fahrrad, was dazu führte, dass sich mein Gegner, eine Hundertschaft Bereitschaftspolizisten, in eine Art Kampfformation brachte. Anscheinend wurden gehende Gitarristen gefährlicher eingestuft als radelnde. Der Polizist links von mir nestelte an seinem Pfefferspray. Ich war froh über meine Sonnenbrille. Jetzt passierte Unerwartetes. Schräg hinter mich stellte sich ein Mann mit Dackel. Er hatte Halbglatze, kariertes Hemd, darüber eine Weste, Jeans und Treckingsandalen an. Seine Zehennägel waren deutlich zu lang. Seine Stimme klang nach drei bis vier Bier: »Hey Zinner, bist du a oaner von dene, demonstrierst du a gegen die Autos?« Der Mann hatte mich erkannt, kein Problem, aber warum sollte ich einer von »dene« sein? Lag es an der Gitarre? Ich konnte mir durchaus vorstellen, dass rechte

Nationalisten auch ab und zu einmal eine Gitarre mit sich führten, um altdeutsches Liedgut zu singen. Aber dafür kam ich anscheinend nicht infrage. Mein Aussehen, mein Auftreten und natürlich die Gitarre, signalisierten den Sicherheitsbehörden und den besorgten Bürgern kristallklar, dass ich eine linke Bedrohung für den Industriestandort Deutschland darstellte. Das wäre schon ein lustiges Bild, wenn Hunderte Gitarristen den Reichstag stürmen und dabei »Times are changing« singen würden. Ein neuer Polizist kam schwungvoll heran und nahm mir mein Fahrrad aus der Hand. Er wuchtete es gut drei Meter nach hinten. Der Dackel des angetrunkenen Mannes versuchte, uns zu verteidigen, und wurde mit Pfefferspray niedergestreckt. Sein Herrchen rief verzweifelt: »Der gehört doch zu uns! Der Dieter gehört zu uns!« Der Dieter winselte ganz erbärmlich. Während auch ich auf die Seite geschoben und zu meinem Fahrrad gestellt wurde, überlegte ich krampfhaft, wer denn »uns« sei? Den folgenden Parolen nach war der betrunkene Mann neben mir ein Freier Wähler und Fan von Hubert Aiwanger. Und anscheinend hielt er diesen für den großen Heilsbringer. Ich war überhaupt kein Fan von Hubert Aiwanger, ich hielt ihn einfach für einen ziemlichen Deppen. Außerdem kannte ich den Alkoholiker und seinen Dackel überhaupt nicht. Trotzdem schienen wir gerade »uns« zu sein. »Lassen Sie sich das nicht gefallen, Herr Aufhauser«, sagte fast einstimmig ein mittelaltes Ehepaar, die sich nun ebenfalls zu uns gesellte. Ich hätte mein gesamtes Barvermögen darauf verwettet, dass es sich bei den zweien um ein Heilpraktiker-Pärchen handelte. Aus dem kurzen Dialog zwischen ihnen und Herrn Aufhauser schloss ich, dass sie Nachbarn waren. Die Frau, in ockerfarbenes Designer-Sackleinen gehüllt, richtete das Wort an die immer noch kampfbereiten Polizisten. Ihre Stimme flirrte in einer unglaublich hohen Frequenz, so hoch, dass Dackel Dieter erneut laut aufheulte. »Ja, ja, so gehen der Polizeistaat und die Lügenpresse mit uns deutschen Bürgern um!« Ich konnte weit und breit keine Reporter entdecken. Sie fiepte weiter: »Uns hat man schon in dieser angeblichen

Pandemie das Wort verboten!« Sie stupste mich in die Seite und wollte Zuspruch von mir. Jetzt wurde es mir zu viel. »Ich bin nicht uns!« Sie überhörte meinen Einspruch und warf eine Fenchelknolle auf die Polizisten. Wo das Gemüse auf einmal herkam, konnte nicht geklärt werden.

»So eine Gegendemonstration muss angemeldet sein!« Ein neuer Polizist war aufgetaucht. Er hatte eine weniger monströs wirkende Uniform an. »Wie bitte?«, war meine Frage. »Polizeiwillkür!«, rief der Freie Wähler. »Genau! Lügenpresse!«, sekundierten die Heilpraktiker. Der Dackel weinte. »Wenn Sie gegen die linken Aktivisten protestieren wollen, müssen Sie das anmelden!« Jetzt wurde es aber hinten höher wie vorn. »Das Einzige, was ich will, ist zu meinem Spezl fahren und ein Teil für meine Gitarre abholen. Mein Tonabnehmer ist nämlich kaputt und der Maxi hat zufälligerweise genau den gleichen und braucht ihn nicht. Wer die Volltrottel neben mir sind, weiß ich nicht und außerdem hat mein Radl einen Achter, Herr Polizist!«

Dann kam ein Satz, den ich mir in meinen wildesten Träumen nicht hätte vorstellen können:

»Das sagen sie alle.«

Aha, alle spielen also Gitarre, alle haben einen kaputten Tonabnehmer, alle haben einen Spezl in Giesing, alle…

Danach kam es zu einem epischen Wortgefecht zwischen mir und drei Polizisten und einem Oberpolizisten, das aufzuschreiben nicht möglich ist. Es führte schließlich dazu, dass meine Personalien aufgenommen wurden. Ich werde also nun im Münchner Polizeiregister geführt, weil ich wegen einem Gitarrenersatzteil nach Giesing radeln wollte. Meine feigen Mitdemonstranten hatten sich übrigens im Laufe der Streiterei verzogen – feiges Pack.

»Bayern ist ein sehr sicheres Bundesland, das war früher schon so und wird es auch immer bleiben. Darauf können wir stolz sein. Davon können sich die anderen ein Stück abschneiden. Das kann uns keiner nehmen!«, hat er mal gesagt, der Aiwanger.

Da war es wieder, das »uns«. Ich bin nicht »uns«. Ich bin Bayer, ein Gitarre spielender Bayer, der gerne Radl fährt, gern sein Bier im Biergarten trinkt, gerne Schinkennudeln isst, aber langsam extrem angepisst ist von den »Uns«-Typen.

Ich habe mir dann zur Beruhigung im Eiscafé Venezia ein gemischtes Eis mit Sahne gekauft… oh, ja… ganz wie früher… das gefällt den »Uns«-Typen bestimmt!

Die Gitarre ist übrigens immer noch kaputt.

# VIERZEHN ODER DER WOLF

Das selbst gebastelte NICHT-REINKOMMEN-Schild wackelte bedenklich. Der Knall der zugeworfenen Tür war bestimmt noch im Münchner Umland zu hören gewesen und irrtümlich für ein drohendes Gewitter gehalten worden. Kurz machte ich mir Sorgen um den Gehörapparat der sich im Zimmer befindlichen Meerschweinchen, dieser soll um ein vielfaches sensibler sein als der der Menschen. Wobei sie sich in den letzten Wochen vielleicht schon an das Donnern und Poltern gewöhnt hatten. Ich hatte es nicht. Natürlich wusste ich aus der Fachliteratur, dass die Verwandlung eines Menschen in einen Werwolf nicht ohne große Schmerzen und viel Leid einhergeht, aber auf diese Dimension war ich nicht vorbereitet. Ich schaute auf dem Familienkalender nach den eingezeichneten Mondphasen. Irgendetwas stimmte damit nicht. Der heutige Tag war nur mit einem Halbmond gekennzeichnet. Das wäre neu, dass Werwölfe nicht mehr an den Vollmond gebunden waren – ein beängstigender Gedanke. Man stelle sich vor, das Tier würde sich jede Woche oder sogar jeden Tag und nicht wie über Jahrhunderte bekannt, nur bei Vollmond zeigen. Ich öffnete mir eine Flasche Beruhigungs-Bier. Aus dem Zimmer meiner Tochter kamen eigenartige Laute. Ich musste wieder an die Meerschweinchen denken. Eventuell sollte ich sie nächste Woche, wenn Emma wieder in der Schule ging, sicherheitshalber aus ihrem Zimmer nehmen. Abermals blickte ich auf den Kalender – immer noch kein Vollmond.

Es begann alles einfach so, ohne Vorwarnung, oder vielleicht hatte ich die Warnsignale nicht gesehen oder sehen wollen. Ich hätte aufmerksamer sein müssen. Im Freundeskreis war schon viel über diese Verwandlung berichtet worden. Wilde Geschichten machten die Runde. Irgendwie dachte ich, auch durch die Erfahrungen mit unseren ersten zwei Kindern, dass wir davon verschont bleiben würden – falsch gedacht. Anfangs hatte ich die Stimmungsschwankungen noch belächelt. Jetzt schaffte ich das nicht mehr. Es gab Phasen, da genügte ein Wort oder ein Blick, um meine Tochter zur Weißglut zu bringen. Manchmal war die bloße Präsenz in der Wohnung schon ein Fehler. Aber man konnte sich ja weder in Luft auflösen, noch erahnen, in welcher Phase sie sich gerade befand. Denn genauso schnell, wie sie aufheulte, verwandelte sie sich dann auch wieder zurück in ein vierzehnjähriges Mädchen und war herzallerliebst. Sie lächelte, erzählte Erlebtes, was bei Nachfrage in einer schlechten Phase zu einer Art lautem Schweigen geführt hätte und einem Blick, der bei schwacher Konstitution zu Herzrhythmusstörungen der Eltern führte. Aber in einem der seltenen Momente der Ausgeglichenheit erzählte sie dann auf einmal von der Schule, von Freunden, sogar von Jungs, aber das nur sehr sparsam, was ich natürlich absolut verstand. In diesen guten Phasen ertappte ich mich dabei, dass ich sie anfassen wollte, um zu fühlen, ob es sich um die Echte oder nur um ein Hologramm unserer Tochter handelte. Natürlich fasste ich sie nicht an. Körperlicher Kontakt war mit Abstand das Letzte, was ein Kind in diesem Alter wollte. Leider kam es in Ausnahmefällen ab und zu vor, dass man in Engstellen der Wohnung sich aus Versehen, unabsichtlich leicht berührte, sei es mit dem Arm oder der Schulter. Dann verfinsterten sich die Wolken in einer dermaßenen Geschwindigkeit, dass einem nur noch wenige Sekunden blieben, um sich vor dem drohenden Unwetter in Sicherheit zu bringen. Ich hatte für mich die Toilette als Panic-Room entdeckt und mir dort bereits heimlich Essen und Trinken versteckt, um ein paar Stunden ausharren zu können. Mir fiel auf, dass die Geräusche in ihrem Zimmer plötzlich verstummt waren – entweder ein sehr gutes oder ein sehr schlechtes Zeichen. Ich schlich mich in den Gang, um zu lauschen, als sich die Tür öffnete und meine Tochter mit einem Lächeln vor mir stand. Da es sich um ein Täuschungsmanöver handeln konnte, blieb ich wachsam und überlegte mir den schnellsten Weg in meinen Fluchtraum. Dann fragte sie mich, ohne Vorwarnung, ob ich morgen Lust und Zeit hätte, mit ihr in den Zoo zu gehen. Ich musste mehrere Sekunden mit offenem Mund dagestanden haben, weil sie die Frage mehrmals wiederholte. »Ja, gerne«, brachte ich zögerlich hervor, immer noch damit rechnend, ein Fauchen oder Bellen würde diese trügerische Harmonie in Sekundenbruchteilen beenden. Doch da kam nichts. Mit einem »Super, ich freue mich« verabschiedete sie sich in ihr Zimmer und schloss die Tür leise. Ich wiederhole. Sie schloss die Tür leise. Das war seit Wochen nicht mehr vorgekommen. Ich ging verwirrt ins Wohnzimmer und setzte mich auf die Couch. Als meine Frau Stunden später aus der Arbeit kam, fand sie mich immer noch lächelnd dort sitzen. So ruhig und sachlich wie möglich schilderte ich ihr den Vorfall. Meine Frau musste sich auch setzen, nicht ohne mich vorher zweimal zu fragen, ob ich sie verarschen würde. Nachdem wir mehrere Minuten zusammengesessen hatten, öffneten wir uns eine Flasche Wein.

Am nächsten Morgen wurden wir früh von unserer Tochter geweckt. Sie fragte, wann es denn endlich losginge. Auch damit hatte ich nicht gerechnet, da sie in den letzten Monaten das Tageslicht scheute wie der Teufel das Weihwasser, auch diese Verhaltensweise war in der Fachliteratur beschrieben und gut dokumentiert. Sie konnte Stunden schönsten Wetters in ihrem Zimmer aussitzen oder verschlafen, und elterliche Vorschläge, die das Wort »Frischluft« beinhalteten, wurden mit nur wenigen Worten abgeschmettert. Ich war zwar vom frühen Start unseres Ausfluges überrascht, schaffte es aber in wenigen Minuten, abfahrbereit zu sein. Meine Frau machte uns währenddessen eine kleine Brotzeit. Bei der Verabschiedung wünschte sie mir Glück.

Das Wetter war bescheiden, was den positiven Effekt hatte, dass es am Eingang des Münchner Tierparks keine Warteschlangen gab. Schnell hatten wir die Kasse passiert und überlegten, wie immer, wie herum man den Zoo durchlaufen sollte. Diese Frage steht seit Generationen am

Beginn eines Besuches in Hellabrunn. Ich habe Familien erlebt, die an dieser Frage gescheitert waren und unverrichteter Dinge wieder die Heimreise ins Oberland antraten. Während wir überlegten, welche Richtung wir einschlagen sollten, fiel mein Blick auf den Plan des Tierparks. Ein großer Aufsteller, gleich nach dem Kassenbereich, half dort den Besuchern. Das erste Tier, das ich sah, war der Wolf. Oder sah es mich? Irgendwie hatte ich das Gefühl, er würde mich anschauen. Sollte dies alles nur ein Trick meiner Tochter sein, um ihre Verwandtschaft zu besuchen? In dem Moment hatte Emma entschieden, rechts herum zu gehen, das heißt, die Wölfe kamen zum Schluss. Alles Taktik, alles Zufall, ich war mir nicht sicher. In einem günstigen Moment würde ich meine Frau anrufen und sie um ihren Rat bitten. Sie war eine ausgezeichnete Rätsellöserin. Außerdem hatte sie sich bereit erklärt, für etwaige Notfälle jederzeit erreichbar zu sein. Jetzt musste ich mich aber erst mal auf die Löwen und ihr neues Gehege konzentrieren, wobei ich zugeben muss, dass ich mehr auf meine Tochter geschaut habe, die immer noch vergnügt und voller Elan den Ausflug in Angriff nahm.

Was Ausflüge betrifft, hat die Familie Zinner eine sehr wechselhafte Historie. Lange Wanderungen durch schwer zu begehende Dünenlandschaften der französischen Atlantikküste hatten wir wider Erwarten erfolgreich und ohne große Zwischenfälle absolviert. Dafür waren wir bei kurzen Ausflügen in die bayrischen Voralpen, die nun mal beinhalteten, dass man ein bissl bergauf gehen musste, kläglich gescheitert. Nicht komplett, aber es bedurfte oftmals wortreicher Verhandlungen, Bestechungen oder Drohungen, die sich, und das muss zu unserer Verteidigung gesagt werden, immer nur im Bereich »Dann kriegst du kein Eis!« bewegten. Dabei trug ich auf meinem Buckel eh schon alles, was den Aufstieg erschweren konnte. Ich war Tenzing Norgay, und meine Hillarys marschierten voraus. Nachdem ich sie von ihrem Ballast befreit hatte, das war Teil des Verhandlungsergebnisses, federten die Kinder locker den Berg hinauf, während der Sherpa bedenklich hinten nach pfiff. Einmal kippte ich bei der Besteigung des Fellhorn bei Reit im Winkl gleich zu Beginn unserer Tour nach hinten und kam nicht mehr hoch. Man stelle sich hier eine unglückliche Meeresschildkröte vor. Aber meine Reisegruppe kam mir nicht zu Hilfe, nein, sie trottete fröhlich weiter – nicht ohne mir aufmunternde Tipps zuzurufen. Zum Glück kam eine ältere Wanderin des Weges und kippte mich wieder auf die Füße. Sie verabschiedete sich mit den Worten »Save the turtles«.

Ich wurde von meiner Tochter aus meinen Gedanken gerissen, als sie mich am Arm zupfte. Eine eigenständige Berührung des Vaters, der Ausflug hatte wirklich etwas Verwirrendes. Sie verlangte nach einer Stärkung. Wir suchten uns in der Nähe der Nashörner einen Platz für unsere Brotzeit. Meine Frau hatte uns diverse Brote geschmiert. Emma verlangte ausdrücklich nach etwas Vegetarischem. Dies war für Werwölfe eher ungewöhnlich. Ich wollte mich aber nicht zu früh freuen und entschied mich dafür, wachsam zu bleiben. Emma aß also das Käsebrot, ich das mit Schinken belegte. Während wir uns stärkten, hatten wir Zeit, die anderen Besucher zu betrachteten, die an uns vorbeimarschierten. Da waren die Fotografen, oder wie an diesem Tag die erstaunlich vielen Fotografinnen, die mit einer enormen Ausrüstung in den Tierpark gekommen waren, um noch nie da gewesene Fotos von Tigern, Seehunden, Antilopen und anderen Tieren zu machen. Meine Tochter und ich waren uns einig, dass es kein besonders heroischer Akt war, Tiere in Gefangenschaft statt in freier Wildbahn zu fotografieren. Es ist doch ein gehöriger Unterschied, ob du dich irgendwo in der Serengeti auf die Lauer legst oder hinter einem Würstlstand am Eisbär-Gehege. Auch durchstreiften an diesem Tag überraschend viele junge Paare, die alle so Anfang zwanzig sein mussten, das Parkgelände. Das erstaunte mich sehr, da ich in diesem Alter auf gar keinen Fall darauf gekommen wäre, mit meiner Freundin in den Tierpark zu gehen. Emma hatte dazu keine Meinung, sie wollte weiter. In der Ecke mit den beheimateten Tieren trafen wir auf Vertrautes. Wir grüßten die Meerschweinchen und stellten fest, dass wir zu Hause wirklich gut aussehende und fitte Vertreter dieser Spezies hatten. Dem Wunsch von meiner Tochter, eines der Zoo-

Meerschweinchen zu klauen, trat ich entschieden entgegen. Wir schlenderten weiter und waren uns einig, dass Paviane definitiv nicht zu den gut aussehenden Tieren gehörten. Vor ihrem Gehege testeten wir die angebotenen Pommes und wurden enttäuscht. So strichen wir durch den Zoo und drehten unsere Runde. Langsam näherten wir uns dem Wolfsgehege. Ich war neugierig. Bei den Antilopen bemerkte ich, dass sich die Tiere, als wir an ihnen vorbeigingen, äußerst angespannt verhielten. Das konnte natürlich auch an der grölenden Jugend-Fußballabteilung liegen, die neben uns lautstark die Paviane nachäffte. Die Affen und die Fußballer unterschieden sich in Gestik und Mimik nur minimal voneinander. Es half, dass die Fußballer alle gleiche Trainingsanzüge mit der Aufschrift B-Jugend TSV Ebersberg trugen. Wir verzichteten darauf, noch weitere Affen anzuschauen, nahmen eine Abkürzung und gingen an der Voliere vorbei bis zum Wolfsgehege. Bei meinen bisherigen Besuchen, und das waren einige, hatte ich die Wölfe eigentlich immer nur schemenhaft in ihrem Verschlag wahrgenommen. Mir hatten sie sich noch nie gezeigt. Auch heute konnte ich kein Tier erkennen. Emma blieb stehen. Sie bewegte ihre Hände in einer Form, wie ich es nicht kannte. Ich griff in meine Jackentasche, wo sich die Silberkugeln befanden, die ich in einer alten Spielzeugkiste gefunden hatte. Ob es sich dabei um echtes Silber handelte, war stark zu bezweifeln, aber das wusste der Wolf ja nicht. Im Gehege regte sich nichts. Ich wollte Emma gerade fragen, ob wir nicht weitergehen sollten, die Regenwolken kamen näher, als sie den Zeigefinger auf die Lippen legte. Und da, ganz langsam, näherte sich ein Wolf. Ich hatte ihn zuerst nicht wahrgenommen, weil er mit seinem Fell fast mit dem Hintergrund verschmolz. Meine Hand umschloss die paar Silberkugeln, die sich, so hatte ich gelesen, beim Kampf gegen Werwölfe als einzig wirksames Gegenmittel bewährt hatten. Emma ging dicht an die Plexiglasscheibe. Der Wolf kam ebenfalls ganz nah an den Rand des Geheges. Es schien eine Art Verbindung zu geben zwischen Tier und Mensch. Ich schwitzte. Meine Tochter legte ihre Hand auf die Scheibe. Der Wolf drückte sich dagegen. Dann sprach sie in einer mir nicht bekannten Sprache, und die Szene erinnerte mich beängstigend an Harry Potter, als der im Zoo mit einer Schlange kommunizierte. Sie deutete auf mich. Ich machte ein bemüht freundliches Gesicht, da ich nicht gleich den ersten Eindruck vermasseln wollte. Der Wolf nickte. Ob er damit meinte, dass ich akzeptiert war, oder nur gutes Futter, blieb im Unklaren. Emma lachte. Dann drehte sie sich zu mir um und sagte: »Keine Sorge, er mag dich.« Das war doch beruhigend. Plötzlich drängte sich eine dicke Fotografin zwischen uns hindurch, schob Emma beiseite und holte ihren riesigen Fotoapparat aus der Tasche, der eher einer Panzerabwehrrakete glich als einer Kamera. Kurz bevor sie abdrücken konnte, drehte der Wolf blitzschnell auf der Stelle um und verschwand spurlos. Emma schaute die Kamerafrau an und sagte: »Dich mag er nicht.« Dann machte sie ebenfalls auf dem Absatz kehrt. Zügig ging sie Richtung Ausgang. Ich folgte ihr. Die Frau fotografierte lustlos irgendwelche Enten. Schweigend fuhren wir nach Hause. Daheim angekommen verabschiedete sich meine Tochter mit einem freundlichen »Das hat Spaß gemacht« in ihr Zimmer. Eine gute halbe Stunde später betrat ich ihr Zimmer, um sie noch einmal nach der Begegnung mit dem Wolf zu befragen. Ich hatte die Tür geöffnet und stand auf Höhe ihres Bettes. Emma saß mit dem Rücken zu mir an ihrem Schreibtisch. Noch bevor ich meine Frage stellen konnte, drehte sie sich ganz langsam um. Sie hatte ein diabolisches Funkeln in den Augen. Ihr Kopf kippte schräg nach hinten, dann zischte sie mir entgegen: »Hast du das Schild nicht gesehen?« Es war keine Frage. »Da steht NICHT REINKOMMEN!« Ich kam nicht dazu, mich zu verteidigen. »Ihr checkt auch wirklich gar nichts! Noch nie was von Privatsphäre gehört…?« Da war es wieder. Ich flüchtete aus dem Zimmer, in Richtung Toilette, hinter mir donnerte die Zimmertür so zu, dass der Türstock einen leichten Riss bekam. Morgen würde ich einen neuen Familienkalender besorgen, oder besser noch, einen Mondkalender. Außerdem würde ich meine Frau fragen, ob sie den Silberschmuck, den sie von ihrer Oma geerbt hatte, noch einmal tragen wollte. Wenn nicht, konnte man ihn ja vielleicht einschmelzen lassen.

# SPIDERMAN

Mein Lieblings-Comic war immer Spiderman. Natürlich habe ich damals in den Neunzigern auch Batman, Die Fantastischen Vier, X-Men oder Iron Man gelesen, aber Peter Parker war mein Favorit. Ich mochte den dünnen, schmächtigen Typen, der durch den Biss einer verseuchten Spinne zum Superhelden wurde. Damals konnte ich mich sehr gut mit einem Teenager identifizieren, der keinen Erfolg bei den Frauen hatte und den die ganze Klasse nicht ernst nahm. Mein Traum, irgendwann einmal von einer Spinne gebissen zu werden und dann übermenschliche Kräfte zu entwickeln, blieb leider einer, obwohl in meinem Heimatort ein großes Chemiewerk um die Ecke stand. Und dass dort nicht alles mit rechten Dingen zugehen konnte, war uns allen klar. Es gab eindeutige Beweise. Die Gemüsepflanzen meiner Mutter zum Beispiel, die sich in unserem Schrebergarten befanden, wuchsen mit enormer, überpflanzlicher Geschwindigkeit. Unsere Gemüsebeete lagen nur wenige hundert Meter von der Chemiefabrik entfernt. Regelmäßig gewannen Gärtner, die eine Parzelle in der Schrebergartenanlage besaßen, Preise bei regionalen Wettbewerben. Dort wurde die längste Zucchini, der größte Kürbis oder die dickste Kartoffel mit ebenso überdimensionalen Preisen ausgezeichnet. Meine Mutter nahm nie an diesen Wettkämpfen teil, da sie nicht als Doperin überführt werden wollte. Meine Begeisterung für das Arbeiten in unserem Garten hielt sich in Grenzen, dennoch kam ich meinen familiären Verpflichtungen ab und zu nach, vor allem, weil ich auf einen Spinnenbiss hoffte. Bei der Arbeit in den Himbeeren, den Strauchbohnen und beim

Unkrautjäten biss mich so ziemlich alles, was in Mitteleuropa zu der Zeit an Getier sein Unwesen trieb, aber eine Spinne war nie dabei. Ich hatte Angst, mich in eine übergroße Biene zu verwandeln. Und ein Superheld mit dem Namen »Die Zecke« war mich nicht bekannt. Von den möglichen Verwandlungen wäre »Ant-Man« die einzig akzeptable Transformation gewesen. Aber ich bezweifelte stark, dass das angepinkelt werden dafür ausreichte. So blieb mir nichts anderes übrig, als weiter *Spiderman* zu lesen und auf ein Wunder zu hoffen. Jahrelang freute ich mich, wenn in unserer Wohnung ein achtbeiniges Tierchen auftauchte. Seit der Heirat mit meiner Frau hat sich das komplett geändert. Man muss dazu sagen, dass meine Frau ein echt harter Hund ist. Das heißt, sie scheißt sich so ziemlich nichts und sie kriegt auch, wenn mal eine Spinne auftaucht, keine Panikattacke, aber sie kann diese Tiere halt überhaupt nicht ausstehen. Deshalb ist es dann an mir, den Störenfried aus unserer Wohnung zu entfernen. Erschwerend kommt hinzu, dass das Töten des Eindringlings strengstens verboten ist, da meine Töchter militante Tierschützerinnen sind, außer bei Mücken, aber denen fehlt eh jegliche gesellschaftliche Akzeptanz. Ich mag sie auch nicht. Mücken nerven einfach. In einer Gesprächsrunde, vor einigen Jahren, in der sich auch ein Entomologe befand, stellte ich die Behauptung auf, dass der Welt überhaupt gar nichts fehlen würde, wenn alle Mücken sofort, auf der Stelle, vom Planeten Erde verschwinden würden. Daraufhin bekam ich einen Einlauf von dem Herrn Insektenforscher, der sich gewaschen hatte. Seitdem weiß ich um die Unentbehrlichkeit von Mücken als Nahrung für andere Tiere, zu denen übrigens auch Spinnen zählen – trotzdem gehen mir Mücken auf den Sack. Es gibt auch keinen Mücken-Superheld, was in meinen Augen ein klarer Beweis für die Verzichtbarkeit dieser Gattung ist. Außerdem musste ich schon diverse Male eine nächtliche Mückenjagd starten, da ein Familienmitglied sich nicht imstande sah, in Anwesenheit einer Mücke einschlafen zu können. Beim Zelten auf der Halbinsel Grado, die zu den absoluten Mücken-Eldorados der Welt zählt, kam es zu den schlimmsten Jagdszenen außerhalb von Niederbayern. Am traurigsten war der Moment, als ich nach Minuten der hoch konzentrierten Jagd im Inneren des Zeltes feststellen musste, dass sich mein Gegner nicht im Innenzelt befand, sondern seine Runden in dem Raum zwischen Innen- und Außenzelt drehte. Weder meine Frau noch meine Kinder verstanden, dass eine Mücke, die einen nicht stechen konnte, nicht so schlimm ist. Es half nichts, sie musste weg. Also kroch ich aus dem Zelt und erlegte kaltblütig das Tier. Zufrieden kam ich in unser Zelt zurück, um nur wenige Sekunden später festzustellen, dass sich während meines Ein- und Ausstiegs mehrere Mücken den Weg in unseren Innenraum gebahnt hatten. Panik brach aus. Trinkflaschen wurden verschüttet, Chips-Tüten zerquetscht, Frisuren zerstört, um nur einige Schäden zu nennen. Meine Familie beschuldigte mich, für den Einfall der generischen Streitkräfte verantwortlich zu sein. Mit letzter Kraft, und unter dem Verbrauch von mehreren Batterieladungen, konnte ich allen Eindringlingen den Garaus machen. Wie gesagt: Mücken töten ist, seitens meiner Familie, erlaubt. Der Insektenforscher hätte mich höchstwahrscheinlich zur Sau gemacht. Ich wollte dem Mann übrigens ein paar Fragen zum Thema Spinnen stellen, woraufhin ich wieder böse zur Minna gemacht wurde, weil ja Spinnen keine Insekten sind. Das wäre das Gleiche, wie wenn sich ein Bäcker darüber aufregt, dass man ihn nach einem Quarktaschenrezept fragt. Egal, bei Spinnen oder Mücken hört der Spaß auf und der Kampf beginnt. Ich schreibe das Ganze nur, weil es vor Kurzem wieder zu einer nächtlichen Spinnenjagd kam. Es begann harmlos, na ja, sagen wir, es begann leise. Meine Frau und ich saßen auf der Couch. Im Fernsehen lief ein romantischer Klassiker, weshalb ich die Änderung ihrer Sitzposition fälschlicherweise als mögliche Annäherung interpretierte. Sie kam ganz nah an mein Ohr und flüsterte: »Da oben.« Ich versuchte die Worte zu deuten. Während ich noch überlegte, wiederholte sie ihre Aussage: »Da oben.« Diesmal lag entschieden mehr Druck auf den zwei Worten. Ich verstand endlich und schaute nach oben. Mir war die Tragweite der Situation sofort bewusst, da es sich wirklich um eine sehr große Spinne handelte, die da friedlich oben im Eck unseres Wohnzimmer saß. Sicherlich würde man bei so einem Tier in Südamerika lächelnd abwinken, aber für ein bayrisches Wohnzimmer war das ein echt dickes Ding. Meine Frau glitt lautlos vom Sofa. Ohne ein Geräusch zu verursachen, schaffte sie es aus dem Gefahrenbereich und flüchtete in den Gang. Ich übernahm die Initiative. Mir war sofort klar, dass die Spinne vom Boden aus nicht zu erreichen wäre. Im Aufstehen griff ich nach dem *Deutschen Ärzteblatt* und rollte es zu einer Waffe. Der Gegner war schließlich groß und meine Kinder schliefen. Ich wollte der Spinne kurzerhand mit einem Schlag den Garaus machen und dann wieder auf die Couch zurückkehren. Die Spinne bewegte sich ein paar Zentimeter nach links, sodass ich meine geplante Angriffsroute ändern musste. Ich stieg auf das Fernsehkasterl und vergaß, dass dieses Rollen hatte. Als ich mit beiden Beinen oben stand, bewegte es sich leicht nach rechts, was mich von der Spinne entfernte. Mit einer katzenhaften Bewegung schlich ich hinter dem Fernseher vorbei, woraufhin sich mein Kontrahent einen guten Meter von mir wegbewegte. Jetzt wäre natürlich der Zeitpunkt gewesen, sich wieder auf den Boden der Tatsachen zu begeben und keinen Genickbruch zu riskieren. Aber in diesem Moment spürte ich eine gewisse Leichtigkeit, und anstatt vom sicheren Parkettboden aus einen neuen Angriff zu starten oder die Leiter aus dem Kammerl zu holen, stieg ich seitlich auf unser fünfundzwanzig Jahre altes IKEA-Billy-Regal. Und was soll ich sagen? Es hielt. Wie Spiderman kletterte ich dem Original hinterher. Ja, ich war ein ziemlich dicker Spiderman und mein Outfit hatte nicht die geringste Ähnlichkeit mit dem rot-blauen, eng anliegenden Kostüm von Peter Parker, dennoch, ich fühlte es. Immer weiter ging es Richtung Tür. Ein Tritt auf das Buch von Hannes Ringlstetter, das quer im Regal lag, hätte mich fast aus dem Gleichgewicht gebracht, aber zum Glück ist es sehr dünn und eher ein Heft, weshalb der Fehltritt nicht bestraft wurde. Synchron wie Zwillinge bewegten sich Spinne und Spiderman. Es war wie ein Tanz, leider mit zu viel Abstand. Langsam wurde das *Deutsche Ärzteblatt*, das zusammengerollt zwischen meinen Zähnen klemmte, vom Speichel etwas labberig, ich aber ließ mich nicht beirren – ich war auf einer Mission. Doch die Mission drohte zu scheitern, als mein Gegner quer oben über die Wohnzimmertür lief. Ich hatte eine Lücke von zwei Metern zu überbrücken, denn mir ging das Billy-Regal aus und das Bett stand halt nicht direkt vor der Tür. Ich versuchte, ganz der Parker, mein Spinnennetz aus der Hand abzuschießen, doch irgendetwas stimmte damit nicht. Es gab keine andere Möglichkeit. Ich setzte zum Sprung an. Die knapp zwei Meter sollten für meine übermenschlichen Fähigkeiten kein Problem darstellen. Während ich durch die Luft flog, kamen mir leichte Zweifel, und die Kante des Bettes, das aus solider Eiche gefertigt war, näherte sich bedrohlich. Im Flug erreichte ich die gleiche Höhe wie die Spinne, die mit so einer Aktion anscheinend nicht gerechnet hatte. Ich nahm das *Deutsche Ärzteblatt* aus meinem Mund und schlug nach meinem Gegner. Diese fiese Nuss ließ sich aber einfach auf den Boden fallen. Beide landeten wir unsanft. Ich, gerade noch so, auf dem Bett, ohne von der Kante getötet zu werden, und die Spinne auf dem Parkett. Sie schien sich von dem Sturz aber deutlich schneller zu erholen als ich. Damit sie mir nicht entkam, rollte ich mich seitlich vom Bett. In dem Moment öffnete meine Frau die Tür, um sich nach dem Stand der Jagd zu erkundigen. Ich lag auf dem Boden und wollte gerade nach der Spinne schlagen, als mich die Tür am Kopf traf. Es gab einen tiefen Wumms, und ich sah Sternchen. Das ermöglichte es meinem Gegner, zum Glück unbemerkt von meiner Frau, zwischen ihren Beinen in den Gang zu fliehen. Geistesgegenwärtig ließ ich das *Deutsche Ärzteblatt* fallen und formte mit beiden Händen eine Art Käfig. »Hast du sie?«, fragte meine Frau. Ich log: »Logisch, war ein Kinderspiel.« Meine Hüfte schmerzte und mein Schädel pochte. Ich stand langsam auf und hielt ihr meine geschlossenen Hände entgegen, in der sicheren Gewissheit, dass sie die folgende Frage verneinen würde.

»Willst du sie sehen?« Meine Frau gab nur einen angewiderten Laut von sich. Ich versuchte, einen Kuss zu ergattern, aber die vermeintlich anwesende Spinne vereitelte das Unterfangen. Lockeren Schrittes ging ich durch die Küche auf den Balkon und spielte die Nummer zu Ende. Mit theatererprobter Geste warf ich die nicht vorhandene Spinne vom Balkon. Ich blickte drei Stockwerke tief nach unten, dann vermeldete ich ihren Aufprall. Meine Frau war zufrieden. Noch immer bekam ich keinen Kuss. »Wasch dir erst die Hände«, war die klare Anweisung.

In den nächsten Tagen nutzte ich jede familienfreie Zeit, um in der Wohnung die Spinne zu suchen. Irgendwo musste sie ja sein. Leider konnte ich sie nirgends finden. Täglich befürchte ich das Auftauchen des Tieres. Wobei ich nicht glaube, dass meine Frau sie als die Spinne identifizieren hätte können, die eigentlich tot sein sollte. Dennoch blieb eine gewisse Unsicherheit. Übrigens funktioniert mein Spinnennetz noch immer nicht. Aus irgendeinem Grund kann ich aus meinen Handflächen keine Netze abschießen. Deshalb habe ich mich sicherheitshalber für einen Kletterkurs angemeldet. Auch Superhelden müssen trainieren.

# HITLER-BILD

»Das ist nicht der Hitler!« Der ältere Herr war sich sicher.

»Doch, natürlich ist er das!« Ich war mir auch sicher.

»Woher wollen Sie das denn wissen?« Er verschränkte die Arme vor seinem Bauch.

»Woher? Ja, weil das eindeutig ein Foto von Adolf Hitler ist, das sieht doch ein Blinder mit dem Krückstock.« Ich überlegte, welche Argumente in so einem Fall noch Sinn machten.

»Unter dem Foto steht aber Josef Huber«, sagte mein Gegenüber und deutete auf den Namen.

»Ja, das stimmt, aber trotzdem ist das ein Foto von Adolf Hitler.« Ich versuchte es mit einem Beispiel: »Wenn Sie ein Foto von Wladimir Putin nehmen und darunter Mutter Teresa schreiben, bleibt es trotzdem ein Bild von Wladimir Putin.«

»Das Beispiel hinkt.« Ich konnte ihn offenbar nicht überzeugen. Er sprach weiter: »Mutter Teresa war eine Frau.«

»Das ist richtig, aber es geht doch ums Prinzip.«

Jetzt hatte auch ich meine Arme verschränkt.

Es war ein Patt.

Das Ganze trug sich in einem Diakonie-Laden ganz bei uns in der Nähe zu. Ich finde es großartig, dort einzukaufen. Die Bandbreite ist immens, von wunderschön bis abgrundtief hässlich, von Schrott bis Rarität, hier ist alles vertreten. Gläser, Geschirr, Möbel, sogar Instrumente werden zum Kauf angeboten, und ich habe dort schon einige Artikel erstanden. An dem Bild, das an der Innenseite eines Büfettschranks hing, war ich überhaupt nicht interessiert, dennoch fand ich es schon befremdlich, wenn einem von dort der Führer entgegenblickte.

»Wollen Sie das Ding kaufen?« Der Verkäufer hatte seine Sprache wiedergefunden.

»Nein, will ich nicht.« Ich schüttelte den Kopf.

»Warum stört Sie denn dann das Bild?« Der Mann kam näher und wir schauten gemeinsam in den kleinen Schrank, Baujahr um die Jahrhundertwende.

»Na ja, ich finde, den hab ich schon oft genug im Fernsehen gesehen. Sie wissen schon Hitlers Hund, Hitlers Vertraute, Hitlers Fahrrad und so weiter, und mögen tu ich ihn halt überhaupt nicht.«

»Verstehe. Aber der Mann auf dem Foto ist ja auch gar nicht der Hitler. Weil unten drunter…«

Ich unterbrach den Herrn: »Ich weiß, ich weiß, das ist Ihrer Meinung nach der Josef Huber.«

»Genau. Wobei er dem Hitler schon täuschend ähnlich sieht.«

Ich blickte zur Seite.

Der Verkäufer fuhr fort: »Vielleicht ein Verwandter vom Hitler?«

»Na ja, da bliebe nur ein eineiiger Zwilling.«

»Moment, ein bissl ein Unterschied ist schon. Das rechte Aug sitzt bei dem ein wenig tiefer.« Er nickte mit dem Kopf Richtung Foto.

Ich ging einen Schritt näher.

»Das Foto hat an der Stelle einen leichten Knick, das ist alles.«

»Sind Sie Privatdetektiv, oder was? Wollen Sie unserem Laden Ärger machen?«

»Nein, aber Sie können doch einfach das Bild abhängen und in den Mülleimer werfen.« Ich fand meine Lösung ziemlich einleuchtend.

»Na, na, na, das könnte doch was wert sein.«

»Ein Foto von Josef Huber?«

»Ja, ein Foto von Josef Huber, der dem Adolf Hitler extrem ähnlich sieht. Ein Doppelgänger, sozusagen. Vielleicht haben wir hier den Beweis, dass der Hitler noch lebt.«

»So ein Schmarrn!« Ich stampfte wie ein Dreijähriger auf.

»Immer mit der Ruhe, sonst kriegen Sie Lokalverbot…«, nach kurzer Überlegung verbesserte er sich »… Hausverbot, meine ich.«

»Was, Sie wollen mich rausschmeißen, weil ich finde, dass Sie ein Hitler-Bild abhängen sollten?« Ich wollte wieder stampfen, stoppte mich aber in letzter Sekunde.

»Sie lassen mir ja keine andere Wahl. Das hier ist ein ordentliches Geschäft.«

»Ich habe doch gar nichts Gegenteiliges gesagt, ich meine ja nur…« Ich hörte mitten im Satz auf zu reden, weil ich merkte, dass wir uns im Kreis drehten.

Hinter mir ging eine etwa sechzigjährige, sympathisch aussehende Frau vorbei. Ich sprach sie an. »Wer, meinen Sie, ist das da auf dem Foto?« Ich deutete in den Büfettschrank. Sie kam näher. Konzentriert begutachtete sie das Foto. Dann drehte sie sich zu mir und sagte: »Das ist der Josef Huber.« Ich wollte gerade widersprechen, als sie weiterredete: »Der dem Adolf Hitler ziemlich ähnlich sieht.«

»Aha, sehen Sie!« Ich drehte mich zum Verkäufer um, der mich mit siegessicherem Blick fixierte.

»Was?« Ich konnte mir seinen Blick nicht erklären.

»Genau das habe ich doch auch gesagt.«

»Ach, sehen Sie das genauso?« Die Dame redete hinter mir vorbei mit dem Verkäufer.

»Ja«, war seine kurze Antwort.

Dann schaute sie mich an: »Und wer glauben Sie, dass das ist?«

»Na, der Adolf Hitler.« Meine Stimme überschlug sich leicht.

»Aber unter dem Foto steht doch Josef Huber.« Sie schüttelte den Kopf.

»Wenn da jetzt Donald Duck drunterstehen würde, dann täten Sie das auch glauben, oder?«

»Nein, machen Sie sich nicht lächerlich, der sieht doch ganz anders aus.«

»Genau«, kam es unterstützend vom Verkäufer.

Ich gab einen kindlichen Laut von mir.

## NACHTGEDANKEN

*Der Spüler läuft, die Kinder schlafen,*
*vielleicht noch ein Gespräch mit meiner Frau,*
*aber dann geht's…*
*beim Nachbar drüben donnert Wagner,*
*ja, das ist genau das, was man braucht,*
*nach einem solch verplanten Tag,*
*mit allen Nichtigkeiten dieser Welt,*
*Drogeriemarkt, Penny, ein kurzer dreistündiger Besuch*
*beim Amt,*
*die üblichen Gedanken über Leben, Tod,*
*verdammt,*
*warum glauben diese Menschen,*
*die sich der Klassik ganz verschrieben,*
*dass ihr Gedröhne,*
*diese Lautstärke verdiene.*
*Wahrscheinlich steht der Gute,*
*drüben nackt unter der Dusche,*
*und dirigiert mit seiner erigierten Rute,*
*dieses Meisterwerk mit aller Muse,*
*nein, nein, ich entschuldige mich für dies Obszöne,*
*und komme dafür direkt zum Racheakt,*
*na gut, ich gebe zu, ich habe überlegt,*
*ob es vielleicht am besten wäre, hätte man ihm etwas abgehackt.*
*Aber nein, ich entscheide mich nun für Folgendes:*

*Ich nehme meine Duesenberg-Gitarre,*
*und stöpsle ein in meinen Fender Amp,*
*und spiele, wie wenn ich Angus wäre,*
*so laut, dass der Verstärker dampft.*
*Der Putz, der bröckelt von den Wänden,*
*Das Blut, es tropft von meinen Händen,*
*Ach, was jauchzt mein Herz, bei jeder Rückkopplung,*
*beim Nachbar hör ich weinen, welch Genugtuung.*

*Die Polizei sprengt meine Eingangstür,*
*und da stehen sie nun, die vier, Polizisten,*
*schwer bewaffnet, aber nicht mit Knarren, sondern mit Gitarren,*
*und sie bauen auf ihr Band-Equipment,*
*und wir spielen »Enter Sandmann« von Metallica,*
*ja, sogar mit einem Wah-Wah-Solo, leck mich am Arsch,*
*Zum Glück war das Spezialkommando,*
*die Polizisten-Band mit Namen »Schlagstock-Combo«,*
*und als Lohn gibt's von meinem Nachbar einen dumpfen Ton,*
*denn der stürzte sich gar heldenhaft,*
*beim Schlussakkord,*
*mit aller Kraft,*
*aus dem dritten Stock hinab,*
*und schlug auf exakt,*
*im letzten Takt,*
*genau bei dem finalen Ton,*
*hinein in den Beton.*
*Rock'n Roll(n)*

# KÜHLSCHRANKREGELN

»Meins«, stand auf der Hafermilch.

»Meins«, stand auf dem High-Protein-Pudding.

»Meins«, stand auf den zwei Fitness-Shakes.

Ich war verwirrt. Erstens interessierten mich diese drei Lebensmitteln nicht im Geringsten. Zweitens: Wer hatte sie gekauft? Und drittens überlegte ich, ob ich, ohne es zu wissen, eine Zeitreise in die Vergangenheit gemacht hatte und in meiner alten WG in München-Giesing gelandet war. Dort passierte es durchaus, dass unwissende Neuankömmlinge versuchten, mit verschiedensten Methoden Lebensmittel vor dem Verzehr durch unberechtigte Personen zu schützen. Spätestens nach zwei Wochen gaben diese neuen Mitbewohner ernüchtert ihre Versuche wieder auf. Was im Kühlschrank landete, war für alle da. Natürlich konnte man den anderen WG-Bewohnern sagen, dass sie doch bitte das ein oder andere Lebensmittel in Ruhe lassen sollten, aber das meiste klärte sich eh von selbst. Meine tunesischen Mitbewohner hatten aufgrund ihres Glaubens überhaupt kein Interesse an den von mir aus der Heimat im Chiemgau mitgebrachten Schweinsbratenresten, und ich machte einen großen Bogen um ihre nordafrikanischen Lamm-Innereien. So ergaben sich automatisch gewisse Kühlschrank-Regeln, ohne dass irgendjemand »Meins« draufschreiben musste. Ich hatte unsere jüngere Tochter stark im Verdacht, die Lebensmittel markiert zu haben. Sie ist ein tolles Mädel, aber ab und zu kommt ein dramatischer Eigensinn zum Vorschein. Ich überlegte, wie ich ihr eins auswischen konnte. Natürlich hätte ich in ihr Zimmer gehen und sie ermahnen können, doch das ging in den letzten Wochen immer nach hinten los, beziehungsweise sorgte für Diskussionen, die sich endlos im Kreise drehten. Oder ich hätte es meiner Frau petzen können, doch das wäre feige gewesen. Ich entschied mich für eine aufwendige, aber wie ich fand, lustige Form der Zurechtweisung. Ich ging ins Wohnzimmer und holte Stifte. Dann klaute ich mir aus dem Zimmer meiner größeren Tochter Klebe-Zettel. Es dauerte eine knappe halbe Stunde, bis ich alle Lebensmittel im Kühlschrank, die nicht »Meins« auf der Brust trugen, mit »Nicht Deins« markiert hatte. Stolz begutachtete ich meine Arbeit. Es sah fast nach Kunst aus. Ich war zufrieden. Dann setzte ich mich an den Küchentisch und wartete, bis Emma auftauchen würde. Ich freute mich schon ein bissl auf ihr grimmiges Gesicht beim Anblick des Kühlschrank-Inneren. Doch sie kam nicht. Ich saß mindestens eine gute Stunde in der Küche, aber es rührte sich nichts. Natürlich hätte ich sie mit einer fadenscheinigen Begründung aus ihrem Zimmer locken können, leider fiel mir gerade nichts Fadenscheiniges ein. Dann hörte ich ein Poltern. Meine Tochter hatte sich endlich aus ihrem Bett bewegt und öffnete die Tür. Ich las unschuldig im *Deutschen Ärzteblatt*.

»Wie geht's?«, fragte ich, als sie die Küche betrat.

Sie hörte mich nicht, da sie ihre Kopfhörer auf hatte.

Ich wiederholte laut meine Frage. Sie entledigte sich ihres Kopfschmuckes und machte »Hä?«

Ich winkte ab. Dann öffnete sie die Kühlschranktür.

»Endlich!«, entfuhr es ihr – keine Spur von einem grimmigen Gesicht.

»Was meinst du?«, fragte ich, mir nicht im Klaren darüber, wie ich ihre Reaktion deuten sollte.

»Endlich kennt man sich aus!« Sie strahlte mich an.

»Ach, du findest das gut?«, fragte ich enttäuscht.

»Ja, logisch, Bro!« Damit nahm sie sich ein Wienerl aus der Wursttüte, auf die ich groß, in dicken Lettern, »Nicht Deins« geschrieben hatte, und schloss zufrieden die Kühlschranktür.

Sie verließ mich fröhlich mit einem »Super Idee, Paps!«

Ich war frustriert. Mein Plan hatte überhaupt nicht funktioniert. Zu allem Überfluss strömten nun die restlichen Familienmitglieder gleichzeitig, als hätten sie sich abgesprochen, in die Küche und holten sich alle etwas aus dem Kühlschrank. Es gab einen regelrechten Aufstand über meine Beschriftungen. Erst nach langen Minuten konnte ich mich erklären, nicht ohne vorher als Neidhammel oder Geizhals beschimpft zu werden. So schnell, wie sie gekommen waren, verschwanden sie wieder. Überall auf dem Küchentisch klebten die »Nicht-Deins«-Zettel. Ich überlegte mir, ob ich vielleicht nächste Woche Lamm-Innereien kaufen sollte, um sie dann unbeschriftet im Kühlschrank zu lagern.

# TENNIS

»Hau doch nicht so drauf, du bist doch nicht Boris Becker!«

»Du hast gesagt, ich soll richtig spielen!«

»Aber nicht so!«

»Ja, wie denn?«

»Anders!«

Mein Freund und ich saßen auf den Stufen vor einem Tennisvereinsheim im Münchner Süden. Ich kühlte mein rechtes Knie, er seinen rechten Ellenbogen. Unser Match hatte Spaß gemacht und endete mit einem knappen und nicht unverdienten Sieg meines Freundes. Es gab keine großen Unfälle, abgesehen davon, dass sich bei uns die alten Schwachstellen bemerkbar machten. Das tat aber dem guten Gefühl, etwas getan zu haben, keinen Abbruch, und wir genossen jeder unser Weißbier. Außerdem waren wir Zeugen einer sehr unterhaltsamen Tennispartie zwischen einem Ehepaar in den Sechzigern. Beide überzeugten mit extrem stylischem Outfit. Sie mit Rock und Kniestrümpfen, er mit Stirnband, Schweißband und sehr viel Kinesio-Tape an Knie, Schulter und Oberschenkel. Wir nannten ihn die spielende Mumie. Die Rückhand war seine große Schwäche, was seine Frau immer wieder hinterhältig ausnutzte, um ihn mit tiefen Crossbällen in die Bredouille zu bringen. Einmal war er bei dem Versuch, die Rückhand zu umlaufen, böse ins Straucheln gekommen und gestolpert. Das hatte zur Folge, dass sein weißes Outfit mit deutlichen Spuren rötlichen Sandes gezeichnet war. Als Rache für die fiese Spielweise seiner Frau hatte er sie bei einem ihrer sporadisch angesetzten Netzangriffe übel abgeschossen. Was sie mit den Worten »Was, das erlaubst du dir nach zweiundvierzig Jahren!?« kommentiert hatte und er mit den Worten »Ja, langsam trau ich mich…«, danach blickte er zu uns. Er war sich seiner Zuschauer bewusst.

Ich schaute nach hinten. An der Wand des Tennisvereinsheims hing eine Kreidetafel mit den Spezialitäten der lokalen Küche: Currywurst, Toast Hawaii, Schnitzel Wiener Art, Bunter Salat mit Putenstreifen, Eisbecher nach Wahl und – mit einer anderen Schrift geschrieben – »veganes Chili con Carne«.

Es handelte sich mit Sicherheit um zwei Personen in der Küche, die schon seit ein paar Jahrzehnten hinter dem Herd standen, aber auch mit dem Zeitgeist gehen wollten. Ich war mir unsicher, welches Gericht ich wagen sollte.

»Schon wieder!«, rief laut hinter mir eine Frauenstimme.

Ich drehte mich um, in der Vermutung, etwas verpasst zu haben.

Die Frau zeigte mit dem Schläger auf ihren Mann. Beide standen am Netz.

»Du kannst doch auch an mir vorbeispielen.« Sie war sich ihrer Sache sicher.

»Hab ich ja versucht.« Er zog entschuldigend die Schultern nach oben.

»Hast du nicht.«

»Hab ich schon.«

»Lüg nicht.«

»Das tue ich nicht.«

»Du hast mir voll auf den Busen geschossen.«

»Bauch.«

»Busen.«

»Bauch.«

»Ach…« Sie winkte mit ihrem Schläger ab und ging wieder an die Grundlinie zurück.

»40 : 30«, sagte sie mit sicherer Stimme.

»Nein, 30 : 40«, kam es leise von der gegenüberliegenden Seite.

»Was? Das ist ja wohl die Höhe!« Sie schaute zu uns. »Was sagen Sie?«

Ich brachte nur ein zögerliches »Wie bitte?« heraus. Mein Freund verschluckte sich an seinem Weißbier.

»Sie sitzen da doch schon die ganze Zeit. Wie steht's?« Jetzt waren wir das Ziel ihres Tennisschlägers. Ihr Mann schaute auf den Boden.

»Es tut mir leid, aber ich habe gerade nicht aufgepasst...« Ich fühlte mich in meine Schulzeit zurückversetzt.

Unzufrieden mit meiner Antwort kniff sie die Augenbrauen zusammen, dann sah sie meinen Freund an, dem nichts Gutes schwante. Noch bevor die Dame fragen konnte, sagte er: »30 beide.«

Jetzt kam es von beiden:

»Blödsinn.«

»Nein, das kann doch gar nicht sein, dann würden wir beim Aufschlag jetzt anders dastehen.«

Er hatte recht.

»Sind Sie angetrunken?« Die Dame kam näher. Beide antworteten wir mit einem entschiedenen »Nein«, was ja auch stimmte. Mein Freund schaute auf seine Armbanduhr. »Ah, Mann so spät schon ... wir müssen jetzt aber los...«, log er ziemlich schlecht.

Die Dame fragte: »Wo müssen Sie denn hin?«

Ich antwortete für meinen Freund: »Zu seiner Frau.«

»Spielt sie Tennis?«

»Äh, nein, nein, Volleyball«, antwortete mein Freund wahrheitsgetreu.

»Sehr gut – ein richtiger Mannschaftssport. Das ist viel besser. Gemischte Teams oder nur Frauen?« Sie schien wirklich interessiert.

»Nur Frauen.«

»Bravo, das macht Sinn. Sagen Sie ihr einen schönen Gruß, und das soll sie auf alle Fälle weitermachen. Bloß nicht anfangen und mit Ihnen Tennis spielen.«

»Gott bewahre«, entfuhr es meinem Freund.

Sie sah uns noch einen Augenblick an, dann drehte sie sich um: »Komm, Karl, mir langt's. Wir hören auf.«

»Wer hat gewonnen?«, war seine Frage.

»Ich.« Damit hatte sie wahrscheinlich auch recht.

Er nickte, dann fragte er seine Frau: »Was willst du denn essen?«

»Mir egal, nur nicht das Chili, das ist komisch.« Sie packte ihren Schläger in die Tasche.

»Ich nehme den Eisbecher.«

Sie drehte sich zu ihrem Mann: »Wunderbar, den können wir uns ja teilen.«

»Gut, 40 zu 30«, sagte er langsam, dann ging er um das Netz herum und nahm ihre Hand.

# DER ANGEPISSTE BARKEEPER

Vor gut einem Monat betrat ich eine Bar in München. Es war früher Abend, das Lokal gut besucht und aus den Boxen sprudelte Lounge-Musik. Am Tresen fand ich Platz. Die anderen Gäste kamen höchstwahrscheinlich gerade aus irgendwelchen Büros. Das Outfit der Männer beschränkte sich auf hellblaues oder weißes Hemd, zu eng anliegende Hose, Halbschuhe und bei den Frauen auf ein Business-Kostüm. Ich überlegte, ob ich mich vom Acker machen sollte, aber mein Durst war ziemlich fordernd. Genau in dem Moment kam der aufwendig auf französisches Bistro gekleidete Barkeeper und sprach mich mit den Worten »Hallo, mein Lieber« an. An eine amouröse Beziehung mit dem Herrn konnte ich mich beim besten Willen nicht erinnern. Vielleicht wollte er einen Scherz machen? Ich war mir nicht sicher. Der Mann hinter der Bar sprach weiter: »Also, mein Lieber, was kann ich für dich tun?« Dann zwinkerte er mir zu. Vielleicht war ich in einem Puff gelandet? Das wäre blöd gewesen, denn mein Interesse galt ausschließlich einem Getränk. Ich überhörte seinen Flirt und bestellte lediglich ein Bier. Der Mann hinter der Bar nickte wissend und sagte: »Ah, verstehe.« Jetzt zwinkerte er noch mal. Dann zog er sich mit einem »Ich mach dir was Schönes« zurück. Eigentlich wollte ich nichts Schönes, eigentlich wollte ich nur ein Bier. Mir schwante nichts Gutes, trotzdem versuchte ich mich zu entspannen. Nach circa drei Minuten kam er zurück und hatte in seiner Hand eine Art Blumenvase, in der sich eine hellbraune Flüssigkeit mit einem Orangenstück befand. Der Mann begann zu reden, doch ich muss gestehen, irgendwie kamen seine Worte nur bruchstückhaft bei mir an, da der Anblick der Blumenvase anscheinend Teile meines Gehirns blockierte. Der intakte Teil versuchte, die nicht enden wollenden Informationen zu diesem Getränk zu sortieren: »ganz was frisches – blumige Fruchtaromen – kennt man hier nicht so – höherer Hopfenanteil« … er endete mit: »Lass es dir schmecken, mein Lieber.« Ich nickte, dann blickte ich zur Tür. Nein, dachte ich, man muss dem Mann, der Bar, dem Getränk eine Chance geben. Du lebst in München, bist neunundvierzig, noch keine neunundsiebzig, du musst mit der Zeit gehen. Ich nahm einen Schluck und musste lachen. Eilig kam der Barkeeper und fragte: »Ist alles in Ordnung?« In der Aufregung hatte er wohl das »mein Lieber« vergessen.

»Nein, nein, alles gut, mein Liebster, gehabt euch wohl«, sagte ich freundlich.

»Wie bitte?« Dabei stützte er sich mit beiden Händen auf die Bar.

Ich fuhr fort:

»Der Trank, den ihr mir grad gereicht, mein edler Knappe, schmeckt lustig.

Ein bisschen ungewohnt, doch ich bin durstig, drum schütte ich mir ihn in meine Kehle, und hoffe, bei meiner Seele, dass das nächste Bier, dass ich bei euch, mein Herr, bestell, nicht blumig ist, noch fruchtig, sondern schlicht, ein Münchner Hell.«

Daraufhin trank ich die Blumenvase mit einem Zug aus.

»Sehr witzig. Bist du Komiker?«, fragte mich der angepisste Barmann.

»Ja, von Beruf, mein Gutster. Und nun bringe er mir ein Münchner Hell, aber schnell, aber schnell.«

»Ich lasse mich von Ihnen doch nicht verarschen!« Schau an, so flott waren wir beim Sie gelandet. Ja, ja, die Liebe, sie ist flüchtig.

Um keinen Ärger zu bekommen, sagte ich: »Dann die Rechnung, bitte, edler Recke!«

Ohne ein weiteres Wort zog er ab und holte den Beleg. Dem Preis nach zu urteilen, war ich tatsächlich in einem Puff gelandet. Ich zahlte, gab ziemlich viel Trinkgeld, um ihn zu ärgern, und verschwand dann winkend durch das Tor. Draußen stieg ich auf mein edles Ross und radelte nach Hause.

# STUNTS

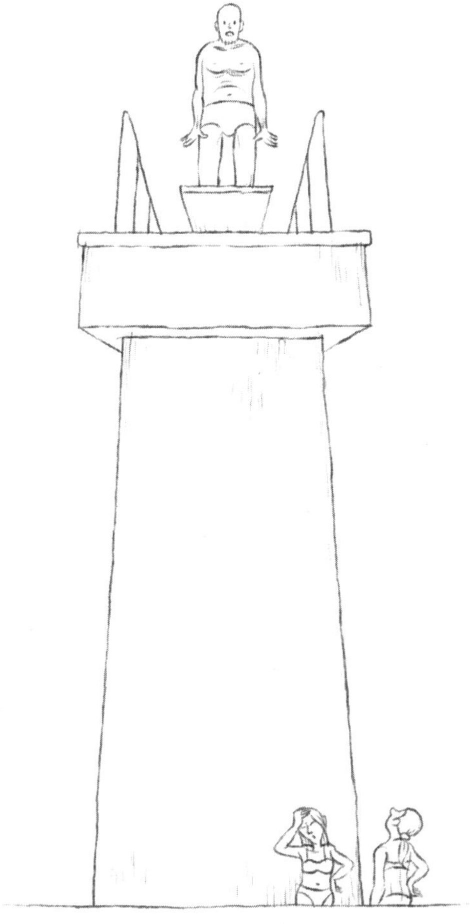

Der Wind kam leicht von Ost. Er strich über meinen eingeölten Körper. Hätte ich Haare gehabt, hätten sie geweht. Obwohl ich keine hatte, spürte ich sie. Ich schloss die Augen und ging noch einmal den Bewegungsablauf in allen Einzelheiten durch. Bei dieser Höhe durfte man keinen Fehler machen. Ich atmete tief ein und dachte an alle großen Kollegen, die ihre Stunts selber machten. Harrison Ford konnte reiten wie ein Teufel, Russell Crowe war ein ziemliches Biest im Schwertkampf und Tom Cruise, na ja, Tom Cruise ging eh allen auf den Sack, weil er alles konnte. Vor ein paar Jahren sollte ich in einem Film auch einmal reiten. Das fand ich spannend, da ich das bis dahin noch nie gemacht hatte. Die Film-Versicherung bestand darauf, dass ich ein paar Reitstunden nehmen sollte, obwohl es sich bei der Szene nur darum drehte, fünf Meter nach vorne zu reiten und abzusteigen. Aber natürlich war Sicherheit das erste Gebot, deshalb stimmte ich der Vorgabe der Versicherung zu. Kurz danach erfuhr ich, dass es nicht um meine Sicherheit, sondern um die des Pferdes ging. Dennoch war ich gespannt auf die neue Erfahrung. Ein paar Tage später stand ich vor einem Gestüt im Münchner Norden. Das beeindruckende, mit Hufeisen verzierte Tor öffnete sich automatisch und ich ging die Auffahrt hinauf. Eine kleine, kräftige Frau Anfang fünfzig kam mir entgegen. Sie trug Reitstiefel, eine enge Reithose und hatte einen Reithelm unter dem Arm. Hier war ich richtig. Sie fragte mich ohne Umschweife, ob ich der Schauspieler sei. Sie hatte mich erwartet. Ich antwortete brav mit einem »Ja«. Dann musterte sie mich. Nach einem kurzen Moment des Überlegens drehte sie sich nach hinten und rief: »Kerstin, bereite mal den Dicken vor!« Sie schaute mich an und meinte, das ginge nicht gegen mich, aber der Dicke sei der Erfahrenste. *Schon klar*, dachte ich mir und vermied eine Antwort. Ich folgte ihr zum Stall. Hier wurde mir »Nobody« zugeteilt, der Dicke. Es handelte sich um ein American Quarter Horse. Er sei sanftmütig, sensibel und intelligent. »Und groß«, ergänzte ich. Eine junge Frau, die sich mir als Kerstin vorstellte, hielt »Nobody« am Zügel. Er schaute mich skeptisch an. Ich tat das Gleiche. Schnell bekam ich eine Ausrüstung, eine kurze Einweisung und zack saß ich oben. Ich war von der Höhe überrascht, aber das geht allen so, erzählten mir die Damen schmunzelnd. In den nächsten eineinhalb Stunden lernte ich Gasgeben, Bremsen und wie man nach rechts und links lenkte. »Nobody« ertrug alles mit großer Gelassenheit. Ich mochte ihn. Außerdem machte mir Reiten wirklich Spaß, wobei man ehrlicherweise sagen muss, richtiges Reiten war das natürlich nicht, eher die Vorstufe. Trotzdem kam ich mir vor wie Harrison Ford in *Indiana Jones*. Ich musste mir unbedingt einen Hut und eine Lederjacke kaufen. Als uns Kerstin wieder zu den Boxen führte, merkte ich erst, dass mir mächtig der Hintern wehtat. Beim Absteigen kamen noch diverse Beschwerden in allen anderen Körperteilen hinzu. *Nicht zu unterschätzen das Ganze*, dachte ich mir, versuchte aber, mir vor den Damen und Nobody keine Blöße zu geben. Das gelang nur mäßig, da mein Gang für sich selbst sprach. Nach vier weiteren Sitzungen in den nächsten Wochen war ich bereit für den Dreh. Als die Szene auf dem Plan stand, tauchte auf einmal ein Mann auf. Er war der Tiertrainer. Auf dem Reiterhof hatte ich ihn nie gesehen, aber er hatte an diesem Tag das Sagen. Er wirkte wie ein in die Jahre gekommener Tom Selleck in *Magnum*: Offenes Hawaii-Hemd, Locken, Schnauzbart, und er trug zu kurze Shorts. »Nobody« und er waren alte Kumpels. Sie hatten zusammen schon etliche Stunts gemeistert. Er war ein Angeber. Da es sich um keine Stuntszene handelte und ich ordentlich mit dem Pferd trainiert hatte, ging ich zuversichtlich an die

Arbeit. Reiter und Pferd wurden geschminkt und an die Startposition gebracht. Der Regisseur rief »Action«, und ab ging's. Locker gab ich ihm mit den Fersen ein Zeichen. Nobody nickte und marschierte los. Schade, dass ich keinen Hut und keine Lederjacke anhatte, dennoch kam ich mir wie in einer Hollywood-Produktion vor. Es lief gut. Dann tauchte plötzlich der Tiertrainer hinter der Kamera auf und gab »Nobody« ein Zeichen. Anscheinend wollte der Regisseur einen anderen Laufweg. »Nobody« gehorchte. Ich war überrascht. Als mein Pferd nach rechts schwenkte, kippte mein Oberkörper nach links. Mit Ach und Krach konnte ich einen Absturz verhindern. Kaum hatte ich mich wieder gefangen, wedelte der Trainer schon wieder mit den Armen. Diesmal ging es in die andere Richtung. Die nächsten zwei Minuten kam ich mir vor, als würde ich »Wilde Maus« fahren. Das ist eine alte Traditions-Achterbahn auf dem Münchner Oktoberfest, die für ihre flotten Kurvenfahrten bekannt ist. Auf alle Fälle muss die ganze Aktion ziemlich dämlich ausgesehen haben, da der Regisseur nach kurzer Zeit grantig »Cut, Cut, Cut!« rief. Der Tiertrainer schüttelte hinter ihm verächtlich den Kopf. »Nobody« stupste mir entschuldigend in die Hüfte. Ich gab ihm einen Klaps. Er hatte ja nur seinen Job gemacht. Der restliche Tag verlief ziemlich niederschmetternd. Ich wurde komplett aus der Szene gestrichen, beziehungsweise wurde die Kamera sehr, sehr weit weg platziert und der Tiertrainer bekam mein Kostüm. Er durfte nun zeigen, was er konnte. Da er im Film nur ganz klein zu sehen war, würde kein Zuschauer herausfinden, dass die Reiterei nicht ich, sondern ein Double ausgeführt hatte, wurde mir von der Produktionsassistentin erklärt. Quatsch, meine Kinder bemerkten sofort, dass der Typ auf dem Pferd nicht Papa war.

»Springen Sie jetzt mal, oder sind Sie eingeschlafen?«, hörte ich hinter mir eine Kinderstimme rufen.

»Gleich«, antwortete ich, ohne mich umzudrehen.

Gerade in der Endphase vor dem Sprung durfte man sich nicht aus der Ruhe bringen lassen. Langsam ging ich an die Kante. Unter mir spiegelte sich das Wasser. Der Absprung war das Entscheidende. Am Beckenrand hatte sich meine Familie versammelt. Meine Frau deutete auf ihr Handgelenk, als würde sie eine Uhr tragen. Ich schloss noch mal die Augen. Ich durfte mich jetzt vom Publikum nicht hetzen lassen.

»Jetzt springen Sie doch, mir wird kalt«, kam es von dem Drängler hinter mir.

Nur die Ruhe, nicht den gleichen Fehler machen wie vor dreißig Jahren. Damals hatte ich mich übereifrig mit aller Kraft vom Fünf-Meter-Turm katapultiert, um einen »Hecht« zu machen, und vergessen, meine Bermuda-Shorts noch einmal festzuziehen. Im freien Fall kam es dann zu einer Luftverwirbelung in meiner Badehose, was schließlich zu der Entkoppelung von Shorts und Träger führte. Nur mit Mühe und Not konnte ich die Badehose unter Wasser wieder anziehen. Als ich das Springerbecken verließ, blieb der Applaus aus. Aufgrund dieser Erfahrung prüfte ich jetzt noch einmal in aller Ruhe die Halterung meines Beinkleides.

»Das ist echt voll doof«, raunzte es hinter mir.

*Locker bleiben, Atmen, auf das richtige Zeichen warten*, sagte ich mir in Gedanken. Das hatte ich am Theater schmerzlich gelernt. Bei meinem ersten Auftritt auf der großen Bühne war mir nämlich ein peinlicher Fehler unterlaufen. Ich stand bis unter die Haarspitzen übermotiviert hinter der mächtigen Falltür im Bühnenbild der König-Lear-Inszenierung der Münchner Kammerspiele und brannte darauf, hinaus zu dürfen, um meinen einen Satz zu sagen. Es war ein entscheidender Satz, der dem Drama eine wichtige Wendung gab. In der Linken hielt ich eine Fahne, die ich in den Boden rammen musste, und in der Rechten ein Schwert, mit dem ich nicht kämpfen durfte, aber immerhin war es ein Schwert. Vor der Tür verhandelten gerade König Lear und Gloucester wegweisende Dinge der englischen Shakespeare-Geschichte, als das Lichtzeichen, das sich über der Falltür befand, in sattem Rot erstrahlte. Meine große Stunde, oder sagen wir besser meine dreißig Sekunden, waren gekommen. Mit dem Fuß trat ich mit voller Wucht gegen das Tor, es klappte nach unten, kam aber, aus für mich unerfindlichen Gründen, nicht ganz unten auf dem Boden an. Doch ich hatte keine Zeit, mir darüber den Kopf zu zerbrechen, ich musste die Fahne in den Bühnenboden rammen und mit dem Schwert wedeln, sonst würde das Stück nie enden. Es war ein sehr langes Stück. Mit vollem Elan sprang ich auf die Holztür und schaute in die lachenden Gesichter von einigen der größten Schauspieler ihrer Zeit. Ich war verwirrt, weil mein Auftritt an Dramatik eigentlich nicht zu überbieten war, außerdem befanden sich die Kollegen in einer äußerst ernsten Phase des Stückes. Da hörte ich unter mir ein Stöhnen. Ein Statist, der auf der Bühne im Hintergrund agiert hatte, rollte mühsam und fluchend unter der Falltür heraus. Das Holz klappte endlich komplett nach unten. Mit einem bösen Blick verschwand er hinkend in der Seite des Bühnenbildes. Im Nachhinein wurde mir erklärt, dass man beim Angehen des Lichtzeichens nicht gleich losstürmen darf, sondern erst, wenn es ausgeht. Rot heißt Achtung und Licht aus Auftritt. Eine wichtige Information, die mir, dem Schergen mit einem Satz, nicht mitgeteilt worden war. Und eben diesen Satz vermasselte ich natürlich, als ich mit wackeligen Beinen, vor den immer noch lachend zu Boden schauenden Starschauspielern, meine Fahne windschief in den Boden rammte. Mein Schwert verhedderte sich beim Abgang auf die Seitenbühne dann noch im Vorhang, sodass ich den vom Inspizienten nach oben gereckten Daumen nur als ganz fiesen, ironischen Kommentar deuten konnte. Deshalb: *Locker bleiben, atmen, auf das richtige Zeichen warten.*

Die Hose saß bombensicher, der Wind war nicht zu stark, die Sonne stand im Zenit. Ich war bereit. Dann, nur ein paar Meter vor mir, flog eine Schwalbe an mir vorüber – mein Zeichen, oder wie William Shakespeare es sagen würde: »Hoffnung ist schnell und fliegt mit Schwalbenschwingen; Aus Kön'gen macht sie Götter, Kön'ge aus

Geringen.« Kraftvoll federte ich vom Fünf-Meter-Turm. Ich hatte das Gefühl, ein Raunen der Zuschauer zu hören. Der Flug verging wie in Zeitlupe. Ich hatte ein Turmspringer-High. Kurz vor dem Eintritt ins Wasser spannte ich noch einmal alle Muskeln vom Scheitel bis zur Sohle an. Es wurde die beste Kerze, die ich je in meinem Leben gemacht hatte. Wie ein Messer schnitt ich durch die Wasseroberfläche. Ein großer Moment, bei dem ich vergaß durch die Nase auszuatmen, was dazu führte, dass einige Liter Chlorwasser meine Stirnhöhlen fluteten. Der Schmerz war nicht von schlechten Eltern. Schnell versuchte ich, an die Oberfläche zu kommen, doch das zog sich, da man beim Eintauchen mit einer Kerze eine erstaunliche Tiefe erreicht. Endlich wieder an der Oberfläche, blickte ich in die gelangweilten Gesichter meiner Familie. Meine Tochter verzog das Gesicht: »Du hast eine Rotzglocke, ahh…« Sie hatte recht. Sämtliche Verklebungen meiner Stirnhöhlen hatte die Chlorwasser-Nasenspülung nach draußen befördert. »Das ist eklig. Können wir jetzt gehen, Mama?« Meine Frau nickte. Niemand brachte mir ein Taschentuch. Als ich aus dem Becken stieg, blickte ich mich um. Auf einer Bank saß eine ältere Dame, die den Daumen nach oben streckte. Wenigstens eine Person würdigte meine Jahrhundertkerze. Ich war zufrieden und hatte saubere Stirnhöhlen.

# DER FEINSCHMECKER

Das Paar vor mir hatte Probleme – er Ende fünfzig, sie Ende zwanzig. Es ging um die Osterreise nach Mauritius oder auf die Seychellen. Die Frau hieß Lea, das wusste ich bereits, er hatte ihren Namen geschätzte dreißigmal ausgesprochen, um sie zu beruhigen. Sie war schwer im Stress, weil sie ihm vorwarf, er würde sie unter Druck setzen, jetzt die Entscheidung zu treffen, wohin der Urlaubstrip denn gehen sollte. Wir standen auf einem Bauernmarkt in München beim Metzger an. Gerade als sie an der Reihe waren, holte Lea das Handy aus ihrer mächtigen Handtasche und erklärte, sie müsse jetzt erst einmal mit ihrer Freundin Britt telefonieren, weil Britt weiß bei solchen Problemen immer Rat, dann wäre sie bereit für ein weiteres Gespräch. Sie ging davon und tippte entschlossen auf ihr Mobilfunkgerät ein. Der Mann senkte den Kopf. Angespannt grummelte er in seinen grauen Bart. »So eine verdammte Scheiße, so eine verdammte.« Mir ist in letzter Zeit schon öfters aufgefallen, dass gerade ältere Männer ab Ende fünfzig extrem viel fluchen.

Der Metzger fragte, was er denn gerne hätte.

»Wie bitte?« Kurz verwirrt, dass er angesprochen wurde, musste er sich sammeln, und sagte dann viel zu laut:

»Guanciale, ich brauche ein Stück italienische Schweinebacke!«

Er hatte einen gewissen Gutsverwalterton, so als spräche er mit einem Untergebenen. Der Metzger antwortete professionell freundlich, diesen Schlag Mensch in München gewöhnt:

»Das haben wir leider nicht, da müssten Sie zu einem anderen Metzger oder am besten zu einem italienischen Feinkostmarkt gehen.«

Der Mann war entsetzt. Erst das Problem mit Lea, jetzt das: »Was, Sie haben keinen Guanciale? Den brauche ich aber dringend, weil heute Abend Gäste kommen, und ich mache ja original Carbonara!«

»Das tut mir sehr leid, aber da kann ich nichts machen.« Der Metzger zuckte mit den Achseln.

Ich mischte mich ein: »Also, ich habe schon mal Carbonara mit einem geräucherten Wammerl gemacht. Das war auch sehr gut.«

Der Mann drehte sich um und grinste: »Das wäre ja schon ein ganz schöner Abstieg!«

Ich antwortete ruhig: »Tja, mei… aber g'schmeckt hat's auch.«

Er schüttelte mitleidig den Kopf:

»Nein, nein, es muss schon original sein. Guanciale, Sahne, Erbsen, Zwiebel und sonst nichts.«

Der Metzger und ich hatten kurzen Blickkontakt und schmunzelten.

»Ach Gott, da geht man einmal auf so einen Markt, und dann… na gut, dann geben Sie mir zweihundert Gramm Fenchelsalami.« Sein Zeigefinger fuchtelte wild über die Auslage.

»Wir haben leider keine Fenchelsalami, aber dafür eine sehr gute Haussalami, oder eine mit Pfeffer, oder eine halbfeste Brotzeitwurst.« Der Verkäufer deutete auf seine prächtig aussehende Ware.

»Wie bitte? Aber das kommt ja gar nicht aus Italien?«

»Nein, das kommt von hier.« Der kräftige Mann im Verkaufswagen zeigte auf das Schild direkt hinter ihm, auf dem groß REGIONAL/ VOM BAUERN stand.

»Das ist ja schon ein bisschen provinziell, oder?« Jetzt machte sich der Herr vor mir komplett zum Idioten.

»Feinkost Käfer, Sie fahren am besten zum Käfer in die Prinzregentenstraße, da bekommen Sie bestimmt auch Hirn, vielleicht sogar italienisches Hirn.« Ich wurde grantig.

Dann war der Metzger dran: »Also, Hirn hätten wir auch, aber das ist halt aus der Provinz.«

Der Mann nahm sein Handy aus der Hosentasche und hielt es in meine Richtung, so als wollte er mir damit drohen.

»Wollen Sie mich verarschen?«

»Ja«, sagte ich.

»Ja«, sagte der Metzger.

»Das lass ich mir nicht gefallen, ich gehe!«

»Wunderbar«, sagte ich.

»Großartig«, sagte der Metzger.

Er suchte nach den passenden Worten. Eines fiel ihm schlussendlich ein:

»Pleps!«

Damit verschwand er in Richtung Prinzregentenstraße.

Ich kaufte dann ein schönes Stück geräuchertes Wammerl.

Am Abend würde ich damit ein provinzielles Nudelgericht ohne Namen kochen. Beim Gedanken daran lief mir das Wasser im Mund zusammen.

# 1988

Im Finale der Fußball-Europameisterschaft in München schlägt die Niederlande die Sowjetunion mit 2:0.

Georg H.W. Bush wird zum 41. Präsidenten der USA gewählt.

In der Bundesrepublik wird das verbleite Normalbenzin verboten.

Die Fernsehserie ALF kommt zum ersten Mal im Deutschen Fernsehen.

In Ramstein fallen drei Flugzeuge vom Himmel.

Katarina Witt gewinnt die Olympische Goldmedaille in Calgary.

Der erste Computerwurm infiziert das Internet.

Die Weltbevölkerung zählt 5,1 Milliarden Menschen.

In Los Angeles bekommt Cher einen Oscar für ihre Leistung als beste Hauptdarstellerin in *Mondsüchtig*.

Und ich bin vierzehn Jahre alt und höre tatsächlich Rick Astley. Ich bin geschockt, aber es muss so gewesen sein, denn in meiner Hand halte ich eine Kassette aus dem Jahre 1988. Ich dachte, ich war cool. Das Beweisstück lässt jedoch keine Zweifel aufkommen. Ich war nicht cool. Es handelt sich um einen von mir selbst mit meinem Doppel-Kassettenrecorder von Grundig aufgenommenen Tonträger. Auf der Hülle habe ich mit einem Stift die einzelnen Songs fein säuberlich aufgeschrieben – eine wilde Mischung. Und »Never gonna give you up« von Rick Astley steht an dritter Stelle, gleich hinter INXS und Guns N'Roses. Das ist hart. Unser Gehirn ist schon eine krasse Maschine. Nicht nur, dass es den Menschen die erstaunlichsten Erfindungen machen lässt, nein, es kann auch extrem gut Sachen vergessen. Das ist ein Schutz, denn sollte ich jeden Tag an Rick Astley denken, würde ich ernsthafte psychische Schäden davontragen. Ich habe nichts gegen den britischen Sänger, nur der Song ist echt grenzwertig, und warum ich ihn auf einer meiner geliebten Kassetten aufgenommen habe, ist mir ein Rätsel. Über Mixed-Tapes und ihre Magie wurden schon unzählige Texte geschrieben und sogar ein ganz wunderbarer Film gedreht, aber sie können auch knallharte Beweisstücke sein, ebenso wie alte Fotos. Wenn man nicht sehr stabil ist, sollte man keine Familienfotos sortieren. In wenigen Minuten streichen Jahrzehnte vorbei. Die Kinder sind auf einmal groß und man selber ist alt. Bei mir führt das regelmäßig zu einer Sekunden-Depression, die sich aber glücklicherweise, wie der Name schon sagt, schnell wieder legt. Was hilft, ist, wenn man sich klarmacht, dass vieles auf diesen Fotos gar nicht so großartig war, wie es auf den ersten Blick scheint. Von unserer Sippe existieren zum Beispiel extrem viele Fotos, die uns beim Zelten zeigen. Ich rede hier von richtigem Zelten und nicht davon, mit einer Doppelhaushälfte auf Rädern von einem Campingplatz zum nächsten zu fahren, nein, normales Old-School-Zelten, mit Heringe in der Mittagssonne in den steinharten Boden hauen. Und von diesen Urlauben gibt es Dutzende Fotos, auf denen alle Familienmitglieder, inklusive mir, absolut glücklich dreinschauen. Ich bin wirklich ein extrem guter Schauspieler, weil ich weiß genau, dass ich bei dem ein oder anderen Bild kurz vorher einen mittelschweren Nervenzusammenbruch hatte. Doch wie durch ein Wunder zauberte sich bei dem Fotoshooting ein Lächeln auf meine Lippen. Alles Show – innerlich weine ich auf diesen Fotos.

Zurück zu der Kassette. Damals, im Jahre 1988, hatte ich sie höchstwahrscheinlich dabei, als ich mit meinen Eltern Pfingsten im Urlaub nach Lignano gefahren bin, ein letztes Mal. In meinem Walkman hörte ich das Ding bestimmt immer wieder, im Wechsel mit diversen Drei-???-Folgen, bis wir schließlich in Italien angekommen waren. Hoffentlich finde ich von diesem Ausflug nicht noch ein Foto. Ich habe vergessen zu erwähnen, dass mir meine Eltern einen Schuhkarton mit Erinnerungsstücken geschickt haben, den sie in ihrem Keller gefunden hatten und den ich nun durchforstete. In ihm befindet sich auch noch eine Urkunde von einem Hallenfußball-Turnier, eine Uhr, die ich noch nie gesehen habe, ein Hundert-Lire-Schein und anderer Krimskrams. Und da, wie könnte es auch anders sein, ein Foto von mir, mit vierzehn Jahren, Haaren auf dem Kopf und einem unglaublich schlimmen Outfit. Ich war nicht cool. Das steht definitiv fest. Das mit Rick Astley macht mir zu schaffen. Ich gehe in unser Arbeitszimmer, starte den Computer, rufe YouTube auf und schaue mir das Video zu »Never gonna give you up« an. Oh mein Gott! Das ist wirklich nicht gut. Plötzlich höre ich hinter mir eine Stimme. Es ist meine Tochter Emma. Wenn sie will, kann sie schleichen wie ein Ninja. »Der bewegt sich genau wie du.« Sie strahlt mich an und deutet auf den Bildschirm. Direkt ins Gesicht von Rick Astley. »Nein, tue ich nicht!« Ich bin entsetzt. »Doch, doch, wie der auch mit den Armen so komisch wedelt, genau wie du!« Sie ist sich ihrer Sache sicher. »Nein, ich tanze ganz anders, viel ... viel ... anders halt.« Ich bin wirklich getroffen von dem Vergleich. Schnell versammeln sich auch die restlichen Familienmitglieder vor dem Computer. Und alle sind sich sicher, dass Rick Astley und ich den gleichen Tanzstil haben. Vielleicht wandere ich morgen aus. Meine Frau merkt sofort, dass ich wirklich deprimiert bin, und versucht es mit ein paar aufmunternden Worten, die aber viel zu spät und wenig überzeugend kommen. Ich klappe den Computer zu. So schnell, wie sie gekommen waren, sind meine Frau und meine Töchter dann auch wieder verschwunden. Einmal kurz das Familienoberhaupt gedemütigt, und dann wieder zurück ins eigene Leben – fiese Familie. Am Nachmittag, als sich die Wohnung geleert hat, schaue ich mir heimlich ein paar aktuelle Videos von Rick Astley an. Sie sind jetzt nicht hundertprotzig mein

Ding, aber gar nicht schlecht. Ehrlich gesagt, finde ich ihn ziemlich cool. Das Älterwerden hat ihm nicht geschadet. Vielleicht besteht für mich auch noch Hoffnung. Aber ich tanze definitiv nicht wie er.

## EIN GEDICHT

- 1,5 Kilo flache Schulter vom Rind (in nicht zu kleine Stücke geschnitten)
- Ein Stück geräuchertes Wammerl
- 2 große Metzgerzwiebeln
- 3 Karotten
- Ein halber kleiner Knollensellerie
- 2 Kartoffeln
- 3 Knoblauchzehen
- Tomatenmark
- Ein guter Schuss Portwein
- Ein halber Liter Rotwein
- Rinderfond je nach Neigung
- Salz, Pfeffer, Rosmarin, Lorbeerblatt
- 2 ½ Stunden bei 140 Grad im Schmortopf im Rohr

Dazu Kartoffelpüree
Olé

# NAH AM POLARKREIS

Das stand er, nur wenige Schritte von mir entfernt. Ich wollte meinen Augen nicht trauen. Roald Amundsen, der große Polarforscher und Seefahrer, betrat direkt vor meinen Augen die Apotheke in der Münchner Maxvorstadt. Was für eine Erscheinung der Mann aus Broge in Norwegen doch war, und was für ein glücklicher Umstand, da er ja eigentlich schon im Jahre 1928 bei einem Rettungsflug über der Barentsee abgestürzt und gestorben war. Konnte ich mich täuschen? Nein, wer sonst würde bei Temperaturen um die null Grad und nur leichtem Schneefall einen Canada Goose Daunenparka Expedition, eine Fjällraven Mütze Värmland Heater, eine Peak Performance Alpine Gore Tex Hose, Härkila Pro Hunter GTX Handschuhe und Scarpa Phantom Tech HD Bergstiefel tragen. Es musste Roald Amundsen sein, der bei der Durchfahrt der Nordwestpassage falsch abgebogen war und jetzt in einer Münchner Apotheke medizinische Ausrüstung für seine nächste Expedition zu organisieren versuchte. Alles andere wäre ja total dämlich gewesen. Das Einzige, was mich zweifeln ließ, war sein schwäbischer Akzent. Aber vielleicht täuschte ich mich auch, da man ihn wirklich nur sehr schwer verstehen konnte, weil er einen Schlauchschal Arctic Power Pro über seinen Mund gezogen hatte, der, wenn man von seinen Schlittenhunden über das Eis gejagt wurde und einem der eisige Nordwind ins Gesicht blies, ein unverzichtbares Accessoire war. Wahrscheinlich handelte es sich um einen norwegischen Dialekt und kein Schwäbisch. Ich schaute nach draußen, konnte aber keinen Hundeschlitten erspähen. Er fragte bei der Apothekerin in seinem norwegischen Dialekt nach Mikronährstoffen und Pro Immun Präparaten gegen die drohende Erkältungswelle. Die Apothekerin kam anscheinend aus der gleichen Ecke in Norwegen, denn sie verstand, was der Mann von ihr wollte. Das war schon sehr unwahrscheinlich. Es musste sich um Schwäbisch handeln. Ich spürte eine tiefe Enttäuschung in mir. Gerne hätte ich so eine Forscherlegende einmal kennengelernt, den Mann, der als Erster den Südpol betreten und mit dem Schiff die Nordwestpassage in der Arktis befahren hatte. Stattdessen wartete ich hinter einem Typen, der sich beim ersten Anzeichen von Winter in seine sauteuren Outdoor-Klamotten warf und einen auf Polarexpedition machte. Der Mensch trug vollkommen sinnlos einen Warenwert von knapp 5000 Euro mit sich herum. Ich hatte eine ziemlich klare Vorstellung davon, was für ein Auto der Mann fahren würde – klein war es auf keinen Fall. Man sah und roch, dass er zu schwitzen anfing. Vergeblich versuchte er mit seinen Handschuhen das Mundtuch nach unten zu ziehen, was auch wirklich nicht leicht war, da sein überdimensionaler Fellkragen ein fast unüberwindbares Hindernis darstellte. Er gab auf und fummelte mühsam seinen Geldbeutel aus der Jacke. Anschließend öffnete ihn der dampfende Mann und begann mit seinen Pro Hunter Handschuhen die Kreditkarte aus dem kleinen Portemonnaie zu pulen. Wenn der Eisbär käme und er in dieser Geschwindigkeit sein Gewehr nachlud, wäre es das wohl gewesen. Der Vorgang erinnerte mich an das Kindergeburtstagsspiel, bei dem man mit Fäustlingen und Besteck bewaffnet Schokolade schneiden und essen musste. Das führte stets zu großer Belustigung bei Alt und Jung. Doch der Mann vor mir fluchte wie ein Rohrspatz. Der Eisbär hätte ihm inzwischen mit Sicherheit den Kopf abgebissen. Die Situation mit dem Geldbeutel brachte ihn völlig aus der Fassung. Er wäre für Forschungsreisen vollkommen ungeeignet gewesen. Wer beim kleinsten Problem schon einen halben Nervenzusammenbruch entwickelte, konnte bei minus 35 Grad Celsius nur schwer überleben, auch ohne Eisbär.

»Soll ich Ihnen helfen?«, fragte ich, um die Sache etwas zu beschleunigen.

»Ischmmpfoooddaaaschooompff«, bekam ich als Antwort.

Das Halstuch schützte bestimmt bestens gegen kalten Nordwind, dämpfen konnte es jedenfalls extrem gut. Endlich gab es einen kleinen Fortschritt mit der Kreditkarte. Millimeter für Millimeter arbeitete der Mann sie aus der Innentasche des Geldbeutels. Es schien auf ein Happy End hinauszulaufen, doch dann bemerkte ich, dass der Mann zu schwanken begann. Bei so schwachem Seegang in der Münchner City ein eindeutiges Zeichen dafür, dass der Herr Kreislaufprobleme hatte. Jetzt ging alles sehr schnell. Im Nu donnerte er in die Kasse und glitt zu Boden. Seine voluminöse Kleidung pufferte seinen Absturz. Er federte daunengedämpft auf den Boden. Hier unterscheidet sich die Qualitätsdaune vom Billigprodukt. Die Apothekerin schaute mich ängstlich an. Ich war am Zug. Endlich durfte ich meinen Satz sagen, den ich schon so viele Jahre mit mir herumtrug: »Lassen Sie mich durch, meine Frau ist Ärztin!« Es befand sich zwar außer der Frau hinterm Tresen, mir und dem am Boden liegenden Patienten niemand sonst in der Apotheke, doch das war mir egal. Mein Satz hallte durch den Raum, dann kniete ich mich nach unten. Es erschien mir ratsam, als Allererstes die hermetisch abgeschlossene Winterjacke zu öffnen. Was sich als gar nicht so einfach erwies, da sie mit enorm vielen Knöpfen, Klettverschlüssen, Riemchen und Schnürchen gesichert war. Einige der Sicherungen waren sogar mit der Hose verbunden, damit bei einem Schneesturm auch ja nichts nach innen dringen konnte. Also beim Pinkeln durfte es ihm nicht pressieren, das war klar. Endlich hatte ich mithilfe der Apothekerin, die ihren sicheren Posten verlassen hatte und zu mir vor die Theke gekommen war, das Wärmezelt geöffnet. Wir trauten unseren Augen nicht, da der Mann ohne Jacke nur ungefähr ein Fünftel seines Volumens hatte. Die Outdoorjacke war ein Monster. Der Mann dampfte wie ein frisches Grillhendl und roch auch so ähnlich. Nachdem wir das Tuch und die Mütze entfernt hatten, blinzelte er mit den Augen. Er kam wieder zu sich. Zuerst konnte ich ihn nicht verstehen, weil er nur sehr leise flüsterte. Wenn mich nicht alles täuschte, sagte er die Worte »Parkverbot, Strafzettel, teuer«. Der Typ machte sich allen Ernstes bei dem sündhaft teuren Outfit Sorgen darüber, 30 oder 40 Euro Bußgeld zahlen zu müssen. Er zog die Autoschlüssel aus der Hosentasche und gab sie mir. Die Apothekerin sah mich auffordernd an. Sie waren wirklich aus der geografisch gleichen Ecke. Na gut, dann fahr ich seine Karre halt auf einen legalen Parkplatz. Ich ging nach draußen und musste nicht lange suchen. Sein Toyota Hilux stand, halb die Trambahnstrecke blockierend, mitten auf der Straße. In einiger Entfernung blinkte schon drohend die Straßenbahn. Ich stieg in den Panzer und fuhr los. Gleich ums Eck fand ich einen Parkplatz, der den üppigen Dimensionen gewachsen war. Als der Wagen zum Stehen kam, hatte ich das Gefühl, dass hinter mir jemand schnaufen würde. Langsam drehte ich mich um und schaute in die Augen von zwei riesigen Siberian Huskies. Es handelte sich also doch um Roald Amundsen, den großen Polarforscher, der mit seinen Schlittenhunden nach München gereist war. Wie hatte ich nur zweifeln können?

# PRACHTEXEMPLAR

Die Schlange war lang. Der Regen kam von vorn. Mein Magen knurrte. Meiner Schätzung nach würde es bestimmt noch zehn Minuten dauern, bis ich in den Innenraum durfte. Auf der Litfaßsäule neben mir warb ein Mann mit Wuschelkopf für einen Dia-Vortrag über Afrika. Das Bild zeigte fröhlich weidende Zebras in einer Steppenlandschaft. Der Regen änderte seine Richtung. Er kam nun von der Seite. So ein kleines Paket entwickelt mit der Zeit ein erstaunliches Gewicht. Auf dem Boden hatten sich aber schon Pfützen gebildet, deshalb war das Abstellen auf dem Gehweg keine Option. Die Turnschuhe entpuppten sich als schwerer Fehler. Die Nässe arbeitete sich langsam, aber sicher unter meine Fußsohlen. Es ging wirklich nur sehr zäh voran. Die junge Dame vor mir, mit der Bommelmütze, deren Rücken ich nun schon seit einigen Minuten studieren konnte, drehte sich gelangweilt um. Ihr Blick fiel auf mein Paket.

»Da würde ich mich auch beschweren.«

»Wie bitte?« Mir war nicht klar, was sie meinte.

»Die gehen echt übel mit den Paketen um.«

Ich verstand immer noch nicht, wovon sie redete.

»Letzte Woche hat mir die Post auch so ein beschädigtes Paket geliefert. Klar hab ich's dann zurückgeschickt. Wäre ja noch schöner!«

Jetzt verstand ich. »Nein, das Paket ist nicht kaputt.«

»Oh, das tut mir leid«, sagte die Frau. Ihr Mitgefühl war echt.

»Einpacken ist nicht meine große Stärke.« Nichts als die Wahrheit, die reine Wahrheit.

»Stimmt«, sagte sie leise. Danach kehrte sie mir wieder den Rücken zu.

Die Warteschlange bewegte sich geschlossen einen halben Meter nach vorne – nur noch neun Minuten. Ich begutachtete mein Paket. Es sah wirklich ziemlich wild aus. Meine Frau konnte fantastisch Geschenke einpacken. Sie war eine Meisterin im Einschätzen der benötigten Papiergröße. Jeder Mensch hat Talente, ich besitze auch einige, Schätzen und Verpacken gehören nicht dazu – eine ungünstige Kombination. Meine Geschenke sehen eher wie kleine Collagen aus, die sich durch ihre Einzigartigkeit auszeichnen, dem gängigen Schönheitsideal entsprechen sie nicht.

Ein Mann, drei Positionen vor mir, gab auf – Weichei.

Ich bekam diesen Auftrag nur, weil eine Notsituation entstanden war. Meine Frau hatte es nicht mehr geschafft, ihrer Freundin im Ruhrpott ihr alljährliches Weihnachtspräsent zu schicken, deshalb fiel die Wahl auf mich. Ich führte ihre telefonischen Anweisungen für Einkauf und Verpackung exakt aus. Und meiner Meinung nach erfüllte ich die Aufgabe absolut zufriedenstellend. Das gewünschte Foto vom fertigen Paket verweigerte ich jedoch, beziehungsweise täuschte vor, die Kamera von meinem Handy hätte gerade eine Funktionsstörung. Ich war mir zwar sicher, dass meine Frau diese Ausrede sofort durchschauen würde, doch wenn das Geschenk erst einmal ausgepackt auf dem Fußboden in Dortmund liegen würde, gäbe es letztendlich keine Beweisspuren mehr. Eigentlich war ich ein Gangster – leider ein frierender Gangster. Der Regen verwandelte sich gerade in Graupel. Ich mochte den Winter von früher, den mit dem richtigen Schnee. Gestern hatte die komplette Familie bei ähnlichen Witterungsverhältnissen einen Christbaum gekauft. Das war eine Tradition, auf deren Bewahrung vor allem die Kinder pochten. Wir marschierten in Einkaufsformation zum Elisabethplatz in Schwabing, wo sich zwei Möglichkeiten boten, Bäume zu kaufen: einmal die tschechische und einmal die niederbayrische Variante. Für mich gab es keinen großen Unterschied zwischen den beiden Auslagen, aber das sahen meine Töchter vollkommen anders. Erstaunlich schnell fiel die Wahl auf ein bayrisches Modell. Ich wandte mich an den Verkäufer, der mit roten Backen an seiner Verkaufshütte lehnte und eine Zigarette rauchte. Er sprach in tiefem niederbayrischem Dialekt: »Habts scho oan gfundn?«

»Ja, meine Mädels würden gerne den da hinten haben«, antwortete ich.

»Ah, versteh, bei aich ham d'Mana ned vui zum song.« Damit setzte er sich in Bewegung. Bei meiner Familie angekommen, musterte er noch einmal zufrieden seine Ware, dann schaute er zu meiner Frau.

»Prachtexemplar. Des is a Prachtexemplar.« Er blickte in die Runde und sagte mit einem verzwickten Lächeln: »Da Baum, ich mein den Baum«, dann lachte er, dass sein ganzer Körper wackelte. »Des war eine Gaudi!«

Ich stellte die entscheidende Frage: »Wie viel kostet er denn?«

»Fünfundsiebzig«, kam es kurz und trocken.

»Wie bitte? Für einen Baum? Was kann der? Hat der eine Massagefunktion oder einen Internetanschluss?« Ich war wirklich überrascht von dem hohen Preis.

»Des is a Prachtexemplar«, er hielt sich mit den Händen an seinem mächtigen Gürtel fest, »des kost scho was!« Nun präsentierte er noch mal seinen Baum, indem er langsam mit der Hand von oben nach unten deutete.

»Ja, der ist schön, aber fünfundsiebzig ist schon eine Menge Holz.«

»Bist a Lustiger, ha?« Er hatte die Arme vor seinem Bauch verschränkt.

Ich erklärte ihm, dass wir uns noch ein bisschen umschauen wollten. Er wischte sich mit der Hand über sein Gesicht und wiederholte bestimmt: »Das ist ein Prachtexemplar.« Damit ging er wieder zu seiner Hütte.

Wir machten uns auf den Weg nach Tschechien, oder besser gesagt, wir überschritten die nicht sichtbare Grenze. Zwar veränderte sich das

Licht etwas und es wurde mehr geraucht, aber ansonsten schien alles sehr ähnlich. Unsere Pässe mussten wir nicht vorzeigen – EU halt. Auch gab es bei den Bäumen keinen großen Unterschied, deshalb war ich mir sicher, hier ein günstigeres Modell zu finden. Meine Familie teilte meine Einschätzung überhaupt nicht. Ich versuchte, ihnen ein, wie ich fand, wunderbares Exemplar tschechischer Nordmanntanne schmackhaft zu machen, was jedoch nicht von Erfolg gekrönt war. Außerdem stellte ich, als ich die ausgehängte Liste studierte, fest, dass der Preisunterschied wirklich nur minimal war. Ich wurde von meiner Frau aus den Gedanken gerissen: »Die Mädels wollen den Baum von dem Niederbayern.« Kurz erwog ich, dagegen zu argumentieren, ließ es aber bleiben, da sich alle vier bereits mit leicht geneigtem Blick vor mir aufgestellt hatten. Ich verstand. Das Stimmenverhältnis wäre, wenn wir eine Abstimmung durchführen würden, klar zu meinen Ungunsten ausgefallen. Dazu kam es aber gar nicht, weil sich die Gruppe bereits geschlossen, im Stechschritt, Richtung Niederbayern aufmachte. Ich trottete hinterher und war mir sicher, dass ich die knallharten Preisverhandlungen würde führen dürfen. Der Christbaumverkäufer lehnte zufrieden an seinem Häuschen und verzog keine Miene, als wir wieder auftauchten.

Seine unverfängliche Frage lautete nur: »Seids ned fündig g'worn?«

Ich sparte mir die Antwort und kam direkt zum Wesentlichen: »Wie viel kostet noch gleich des Prachtexemplar, ich hab's vergessen.« Das war gelogen.

»Achtzig«, sagte der Verkäufer sicher.

»Was? Aber vorher...«

»I hab dacht, du konnst di an nix mehr erinnern.« Er verschränkte siegessicher die Arme.

Doch so leicht ließ ich mich nicht über den Tisch ziehen. Wir starteten einen knallharten Verhandlungsmarathon, an dessen Ende ich ihn auf beeindruckende fünfundsiebzig Euro herunterhandeln konnte. Ich zahlte bar. Sehr zur Freude des Christbaumverkäufers, der fünfzig Euro in die linke und fünfundzwanzig in die rechte Tasche seiner Jacke wandern ließ. Während dieser Aktion neigte er sich zu mir und sagte leise: »Die junga Hupfa wolln heitztag nur noch mit Kartn zoin. Da ziagt dir d'Steuer ja die Hosn runter.«

Ich lächelte den Verkäufer an: »Kann ich eine Quittung über meine fünfundsiebzig Euro haben?«

»Was?« Sein Gesicht verfärbte sich schlagartig.

»Nein, vergiss es, war nur a Gaudi!« Ich zwinkerte albern mit dem Auge.

»A Lustiger geh, hob ja g'sogt, du bist a Lustiger.« Langsam drehte er mir den Rücken zu, dann donnerte er das gute Stück mit niederbayrischem Schwung durch die Einpack-Röhre.

Mein Sohn und ich übernahmen die Trägertätigkeit, meine Töchter spurten voran. Meine Frau übernahm die Nachhut. Der Baum war leichter als gedacht. Ich überlegte, ob das ein schlechtes Zeichen sein konnte, kam aber auf keine Lösung. Zu Hause angekommen, fädelten wir das Prachtexemplar durch die Wohnung ins Wohnzimmer und hinterließen dabei eine Spur der Verwüstung. Ich nahm mir vor, nächstes Jahr vor dem Einkauf des Christbaumes mögliche Hindernisse auf der Route zu entfernen. Wir kamen dem Wunsch des weiblichen Teils der Familie nach, den Baum gleich aufzustellen und nicht erst auf dem Balkon zwischenzulagern. Meine Frau platzierte den Christbaumständer an der von ihr ausgewählten Position. Da der Ständer einen kleinen Zapfen hat, der in der Mitte des Stammes verankert, für etwas mehr Sicherheit sorgen soll, hoben mein Sohn und ich den Baum ein paar Zentimeter in die Höhe und rammten ihn dann auf die kleine Spitze. Vielleicht hätten wir mit der Kraft etwas haushalten sollen, denn beim Einschlag löste sich gut die Hälfte der Tannennadeln vom Baum. Unser Prachtexemplar sah jetzt so aus, als müsste es Weihnachten in der Sahelzone feiern. Ein ganz trockener Teufel war das niederbayrische Markenprodukt. Ich will nicht sagen, dass wir über den Tisch gezogen worden waren, doch ein bissl verarscht kam ich mir schon vor. Meine Familie schaute auf den Boden. Ich war sauer. Plötzlich brach wildes Gelächter aus ihnen heraus. Nach ein paar Sekunden legte sich mein Ärger und ich stimmte mit ein. Na ja, er bestach halt, wie meine Geschenke, durch seine Einzigartigkeit. Wir schmückten ihn in der nächsten halben Stunde mit allem, was wir im Zinner'schen Weihnachtsfundus finden konnten, um die Lücken bestmöglich zu schließen. Danach tranken wir zusammen eine Nachmittags-Cola und stießen auf unsere gemeinsame Aktion an.

Die Frau hinter mir stupste mich an: »Aufrücken!«

Ich war in Gedanken und nicht mehr voll auf den Ansteh-Vorgang an der Paketstation fokussiert gewesen. »Oh ja, danke.« Entschuldigend hob ich den Arm, dann rückte ich einen halben Meter weiter nach vorne. Nach gut fünf Minuten befand ich mich endlich im Innenraum, nach weiteren zwei kam ich an die Reihe.

Der Mann legte seine Stirn in Falten: »Ah, wieder eine Rückgabe, das passiert in letzter Zeit leider öfter.«

»Nein, das ist nicht beschädigt.« Ich verteidigte mein Paket.

»Oh, echt.« Er schaute mich skeptisch an. »Na, dann viel Erfolg damit!«

»Danke«, antwortete ich trotzig.

»Wollen Sie, dass es versichert wird?« Mir war nicht hundertprozentig klar, ob er mich veralbern wollte.

»Ja, selbstverständlich«, sagte ich entschieden. Natürlich hätte man den Inhalt nicht unbedingt versichern müssen, da es sich nur um ein paar Kleinigkeiten handelte, doch es ging hier um etwas anderes, um die Ehre.

»Das kostet aber 6,99 Euro.« Der Mann wurde geschäftlich.

»Kein Problem, sicher ist sicher«, sagte ich und zückte meinen Geldbeutel.

Mit großer Sorgfalt wurde mein Paket frankiert und vorsichtig in den hinteren Teil des Ladens gebracht. Danach kaufte ich mir noch ein Snickers, um dem Werbeslogan der Firma nachzukommen, und trat wieder ins Freie. Der Wind kam gerade aus einer günstigen Richtung. Sanft schob er mich nach Hause. Dort setzte ich mich zu unserem Prachtexemplar und packte weiter Weihnachtsgeschenke ein. Mir fiel auf, dass ich nur Packaufträge für die bucklige Verwandtschaft erhalten hatte, doch das war mir egal. Ich erfüllte meine Aufgabe mit absoluter Professionalität und künstlerischer Hingabe.

## SOULFOOD

»Das ist keine Bowl!« Lotte schüttelte den Kopf.

»Warum nicht?«, wollte ich wissen.

»Weil ein Wurstsalat keine Bowl ist.« Sie verließ die Küche.

»Aber…« Mein Erklärungsversuch kam zu spät, sie war weg.

Ich fand meinen Wurstsalat äußerst gelungen. Zusätzlich zu der Regensburger hatte ich noch vom Vortag übrig gebliebene Semmelknödel in die Schüssel mit hineingeschnitten, ein paar Essiggurken-Scheiben, rote Zwiebel, fertig. Das Dressing bestand aus süßem Senf, Weißweinessig, Rapsöl, Salz, Pfeffer, Paprika edelsüß, bissl Zucker und, als »Game-Changer«, dieses Wort hatte ich gestern im Junge-Leute-Radio gehört, ein Schuss vom Essiggurken-Wasser. Also wenn das keine Bowl war, wusste ich auch nicht.

Meine Tochter betrat wieder die Küche. Sie hielt mir ihr Handy vor die Nase.

»Das ist eine Bowl!« Sie wedelte mit dem Telefon.

»Ruhig halten, sonst kann ich das nicht lesen.« Außerdem wäre meine Brille nicht schlecht gewesen, doch das verschwieg ich.

»Jetzt lies doch schon!« Meine Tochter wurde ungeduldig.

»Ja, ja…« Ich schaute auf einen Internetartikel.

»Jetzt lies laut vor«, wurde ich ermahnt.

Brav folgte ich der Anweisung: »Karibik-Bowl – Die Freestylerin: vereint sämige Süßkartoffel, Garnelen mit Zimt und Chili im Jerk-Style gewürzt, bunte Tomaten, Papaya, Avocado, Joghurt-Limetten-Dip und Kokosraspel. Tropisch raffiniert. Fertig in 1 Stunde und 20 Minuten. Energie: 809 kcal, Kohlenhydrate: 62 g, Eiweiß: 22 g, Fett: 47 g«, las ich, wissenschaftlich korrekt aufgeschlüsselt, von ihrem Smartphone ab.

»Na, sauber! Pressieren darf 's dir da aber nicht.« Ich versuchte es mit Humor, doch das wurde abgeschmettert.

»Darum geht es doch nicht, Papa.« Meine Tochter war genervt.

»Also gut, nächstes Mal werde ich eine Karibik-Bowl zubereiten.« Ich versuchte, die Wogen zu glätten. Das Gericht sollte kein Problem sein. Der Schwierigkeitsgrad wurde mit »leicht« ausgewiesen. Wahrscheinlich sollte man nur etwas Zeit für den Einkauf einplanen, aber wenn ich damit meine Tochter glücklich machen konnte, würde ich das Rezept selbstverständlich in Angriff nehmen.

Emma kam zu uns in die Küche.

»Was gibt's heut zu essen?«, fragte unsere jüngere Tochter.

»Bowl«, antwortete ich.

»Wurstsalat«, widersprach ihre Schwester.

Emma schüttelte den Kopf und sagte: »Mensch, Papa, du musst mit der Zeit gehen.«

»Ich arbeite dran«, antwortete ich und setzte mich zu meinem Wurstsalat an den Tisch.

»Du bist überhaupt nicht up to date. Teenager brauchen Superfood. Ich koch uns einfach später was.« Emma ging zum Kühlschrank.

»Ich muss gleich los. Hab eh keinen Hunger.« Lotte verabschiedete sich schnell aus der Küche.

*Termine, Termine, die jungen Leute*, dachte ich mir und winkte zum Abschied, doch niemand nahm davon Notiz.

Emmas Kopf war im Kühlschrank verschwunden. Ich hörte sie leise vor sich hin sprechen. Sie schien eine Art Inventur zu machen.

»Kannst du später beim Metzger vorbeigehen?«, kam es dumpf.

Ich stutzte, da ich bei Superfood an irgendwelche Lebensmittel aus Südamerika gedacht hatte und bestimmt nicht an Fleisch oder Wurst.

»750 Gramm gemischtes Hackfleisch. Schreib es dir auf«, wurde mir diktiert.

Meine Tochter war eine gute Köchin. Darauf war ich stolz, doch sie benötigte stets einen Betreuer, der ihr zur Seite stand. Dieser Bedienstete war ich. Das Wichtigste für einen guten Bediensteten: kein Widerspruch und nicht auf Entlohnung hoffen. Zumindest wollte Emma heute nicht backen. Nicht, dass ihre Endergebnisse nicht schmecken würden, nein, ganz im Gegenteil, nur sah die Küche nach ihrer Schicht aus, als wäre es zu einer Mehlstaub-Explosion in kosmischen Ausmaßen gekommen. Meine Tochter liebte es, sich Back-Videos anzuschauen, bei denen die verrücktesten Kreationen in unglaublichen Farben gebacken, oder besser gesagt, gestaltet wurden. Dafür benötigten die Bäckerinnen und Bäcker Dinge, von denen ich noch nie gehört hatte und die meine Mutter, eine absolute Süßspeisen-Spezialistin, niemals verwendete, um ihre Köstlichkeiten zuzubereiten. Eine der Zutaten, oder eher einer der Werkstoffe, hieß »Fondant«. Und man brauchte diesen »Fondant« in den wildesten Farben. Den Einspruch, dass meine Mutter für das gleiche Einsatzgebiet Marzipan verwendet hatte, ließ meine Tochter nicht gelten. Die aufwendige Arbeitsweise der jungen Konditorin war aber nicht das Problem, sondern der Saustall, den sie danach in der Küche hinterließ. Auf diesen YouTube-Channels wurde anscheinend nie gezeigt, dass man nach dem Gestaltungsvorgang seinen Arbeitsplatz wieder in den Ur-Zustand zurückverwandeln musste. Das übernahmen bei diesen aufwendig produzierten Sendungen im Internet wahrscheinlich diverse Assistenten.

Bei uns übernahm diese Aufgabe der Haus-Sklave Stephan, für den ein Kraulen im Genick ausreichende Belohnung war. Doch man muss sagen, dass nach etlichen Ermahnungen und Einzelgesprächen die Spuren der Verwüstung immer weniger wurden. Meine Tochter war eine Meisterin der Vertuschung. Sie konnte es so aussehen lassen, als hätte sie aufgeräumt, ohne wirklich aufgeräumt zu haben. Eltern wissen genau, wovon ich rede. Aber zurück zu dem Hackfleisch. Ich war neugierig und fragte nach:

»Was willst du denn später kochen?«

»Lasagne«, kam es kurz und bündig.

»Das ist aber kein Superfood, oder?« Ich war überrascht.

Emma verdrehte ihre Augen, wie es nur Vierzehnjährige schaffen. Kurz hatte ich Angst, die Augäpfel würden ihr aus dem Kopf fallen.

»Papa«, dann kam eine kurze Pause, die entscheidend war, um Überlegenheit zu demonstrieren, danach sprach sie äußerst langsam weiter: »Ab und zu braucht der Mensch ein bisschen Soulfood, verstehst du?« Sie neigte leicht den Kopf, so als würde sie mit einem Kleinkind sprechen.

»Ja, logisch, klar…«, antwortete ich, um mir etwas Bedenkzeit zu verschaffen.

»Es gibt Phasen im Leben, da muss man für die Seele essen – für die guten Vibes«, wurde mir weiter erklärt.

»Das kenne ich«, war meine Antwort, während ich über meinen Bauch streichelte. Soulfood klang viel besser als Übergewicht.

»Benötigen eure Durchlaucht sonst noch irgendwelche Zutaten?«, fragte ich.

»Nein, danke, den Rest hab ich, oder ich improvisiere einfach ein bisschen. Das wird mega!« Ihr Selbstvertrauen konnte ab und zu furchteinflößende Ausmaße annehmen. Danach ließ sie mich sitzen und verschwand ohne ein weiteres Wort in ihrer Teenager-Höhle. Ruhe kehrte ein. Nachdem ich den Wurstsalat in einer Tupper im Kühlschrank verstaut hatte, machte ich mich auf den Weg zum Metzger.

Sicherheitshalber kaufte ich auf dem Rückweg im Supermarkt noch ein paar Zutaten, die meiner Meinung nach ebenfalls in eine Lasagne gehörten. Zu viel Improvisation hatte in den letzten Wochen schon zu ein paar sehr mutigen Kreationen geführt, die nicht immer von allen Familienmitgliedern mit Begeisterung aufgenommen worden waren. Die zusätzlichen Zutaten fanden, ohne ein Wort des Dankes, ihren Weg in die Lasagne, und ich muss sagen, es hat hervorragend geschmeckt. Über den Zustand der Küche nach der Koch-Aktion hülle ich einfach den Mantel des Schweigens. Wobei man fair bleiben und sagen muss, dass sich in den letzten Jahren schon viel schlimmere Naturkatastrophen in unserer Küche zugetragen hatten, und nach zwei Tellern Soulfood strotzte ich nur so vor Energie. Mithilfe meiner Frau, die sich als großartige Assistentin des Betreuers erwies, konnten wir die Küche nach einer Stunde wieder in einen annehmbaren Zustand bringen.

Interessanterweise kam es in der Schüssel mit dem nicht so up-to-daten Wurstsalat in den nächsten Tagen zu einem beständigen Pegelrückgang, für den ich definitiv nicht verantwortlich war. Keine meiner Mitbewohnerinnen wollte dafür aber die Verantwortung übernehmen. Ich werde wohl nächstes Mal eine größere Portion Bavarian Bowl machen müssen, damit meine Vibes auch genug Nahrung haben, um gut zu grooven, Digga.

# TAXIDRIVER

In meinem Job sollte man ein paar Regeln befolgen. Natürlich kann man darauf pfeifen und alles anders machen, aber sie helfen einem, länger durchzuhalten. Regel Nummer 1 lautet: Nicht mit dem Fahrgast sprechen. Früher dachte ich immer, es gehört dazu, ein paar Geschichten zu erzählen, egal ob erfunden oder wirklich erlebt, doch das bringt nichts. Außer dass man sich dabei zum Affen macht und den Mund fusselig redet. Konzertiere dich auf die Straße, schau, dass dich die Bullen nicht erwischen und bring deine Kundschaft sicher von A nach B, ohne dabei irgendjemand zu verletzen oder selbst verletzt zu werden. Klingt einfach, ist es aber nicht immer. Es gibt gute und schlechte Tage.

Ich schaue auf meine Uhr. Der Kunde ist zwanzig Minuten zu spät. Damit muss man rechnen. Deshalb kommt hier Regel Nummer 2 ins Spiel: Sichere deine Versorgungslage. Ein gutes Sandwich rettet Leben, hat mir mein Dad einmal gesagt, und er hatte recht. Ich beiße in mein Pastrami-Sandwich aus dem kleinen italienischen Feinkostladen. Dazu Wasser, denn du musst nüchtern bleiben. Du weißt nicht, wofür du deine Reflexe heute noch brauchen wirst. Mit dem Kaffee sollte man aufpassen. Im falschen Moment zum Pinkeln müssen, hat schon manchem den Job gekostet – oder mehr. Draußen ist das Wetter schlechter geworden. Für mich kein Problem, weil ich die Winterreifen schon früh aufgezogen habe. Regel Nummer 3: Schau, dass deine Karre in Topform ist – Reifen, Reifendruck, Öl, Kühlflüssigkeit müssen selbstverständlich regelmäßig überprüft und der Jahreszeit angepasst werden. Auch das hat schon manchem Kollegen, der seinen Mund zu weit aufgerissen hat und dabei unkonzentriert wurde, seinen Job gekostet. Endlich sehe ich meinen Fahrgast um die Ecke kommen. Schon an ihrem Gang erkenne ich, dass sie schlecht gelaunt ist. Das darf man nicht persönlich nehmen. Die Leute haben viel zu tun. Es lastet viel Verantwortung auf ihren Schultern, da kann es schon mal vorkommen, dass man blöd angemacht wird. Da heißt es cool bleiben und die Klappe halten. Da wären wir wieder bei Regel Nummer 1, wahrscheinlich die wichtigste Regel. Gleich gefolgt von »Keine Musik«. Damals, als ich anfing, meinte ich, ich müsse für jeden Fahrgast extra eine eigene Playlist vorbereiten. Was für ein Schwachsinn, denn meistens haben sie eh ihre Kopfhörer auf oder sie sagen nach fünf Sekunden: Mach das Gedudel aus und fahr – deshalb keine Musik. Das spart Zeit und Nerven. Sie öffnet die Tür und gibt eine kurze Anweisung, wohin es jetzt gehen soll. Ich verstehe und starte den Motor. Zu dieser Uhrzeit in die Innenstadt ist ein Himmelfahrtskommando, aber was soll man machen, es ist nun mal mein Job und ich werde dafür bezahlt. Na ja, sagen wir lieber: meistens werde ich dafür bezahlt. Aber man darf bei dieser Arbeit nicht immer auf das Geld schauen, die Erfahrungen, die du dabei machst, sind es, die dein Leben reicher machen. Wieder so ein Satz von meinem Dad. Ich arbeite mich durch den Berufsverkehr. Mein Fahrgast würdigt mich keines Blickes. Du darfst in dieser Branche kein Lob erwarten. Alle maulen dich zwar an, wenn etwas schiefläuft, auch wenn du gar nichts dafür kannst, aber wenn du es schaffst, wie ein Messer durch die weiche Butter, durch den Verkehr zu gleiten, werden sie dir nicht sagen: »Gut gemacht« oder »Danke«. Ein Nicken ist oft schon das Äußerste. Doch auch das darfst du nicht persönlich nehmen. An der nächsten Kreuzung gibt es ein Problem, und ich merke wie mein Fahrgast unruhig wird, deshalb nehme ich einen kleinen Umweg, um im Fluss zu bleiben. Denn auch wenn es ein paar Minuten länger dauert, gibt es ihnen das Gefühl, dass alles läuft. Von der Streckenführung haben sie eh meist keine Ahnung, weil sie nur in ihr Mobilfunkgerät starren, irgendwelche E-Mails beantworten und WhatsApp-Nachrichten schreiben. Diesen Job würde ich nicht gern machen. Wir kommen an unser Ziel. Wie zu erwarten war, ist die Parkplatzsituation um diese Uhrzeit ein Albtraum. Ich bekomme die Anweisung, in zweiter Reihe zu warten. Das ist nicht gut. Die Bullen sind in letzter Zeit scharf wie Dobermänner, trotzdem nicke ich. »Nur fünf Minuten, dann bin ich zurück.« Wer's glaubt, wird selig. Ich rechne mit fünfzehn. Zum Glück habe ich ein zweites Sandwich dabei, und wie es Gott will, wird ein paar Meter vor mir eine Parklücke frei. Ein riesiger Mercedes-Geländewagen wird umständlich aus seiner Lücke herausmanövriert. Am Steuer sitzt, wie zu erwarten war, so ein Schnösel mit geschleckter Frisur. Ich parke schnell auf dem freigewordenen Platz ein, denn die sind heiß begehrt, und hier wird mit harten Bandagen gekämpft. Apropos: Keine Minute später taucht eine Politesse auf, so als hätte sie auf mich gewartet. Ja, die Bullen sind überall und sie wollen dir an den Arsch. Das hat nicht mein Vater gesagt, trotzdem stimmt der Spruch. Ich deute auf meine Uhr und gebe ihr zu verstehen, dass ich nur fünf Minuten hier warten würde. Als ich auf den Laden schräg hinter mir zeige, nickt sie. Sie weiß Bescheid. Sie kennt die Kundschaft und sie kennt die Fahrer. Vielleicht ist sie netter, als ich dachte. Doch mit seinen Gefühlen muss man aufpassen, vor allem was seine Kundschaft betrifft. Das ist keine Regel, das ist ein Gesetz. Jeder macht diesen Fehler, und er kann gefährlich werden, sehr gefährlich. Du darfst sie nicht zu sehr an dich heranlassen. Es ist ein Geschäft. Du hast eine Aufgabe. Erledige sie und lass sie nicht in deine Seele schauen, sonst wirst du verletzt. Ein paar Narben auf der Seele hat jeder, das ist okay, aber es müssen ja nicht mehr werden. Die Tür öffnet sich, früher als erwartet. Ich bin überrascht. »Nach Hause« ist das Kommando. Ich befolge die Anweisung und schaue in den Rückspiegel – hübsch. »Was ist?«, kommt es von hinten. »Nichts, ich wollte nur schauen, ob…« Sie nimmt die Kopfhörer ab. Ihre Augen werden schmäler, dann beugt sie sich leicht nach vorne: »Redest du mit mir?« Ich winke ab. »Nein, nein, ich dachte nur...« Man sollte sich an seine Regeln halten. Die Situation entspannt sich. Dann nickt sie leicht und setzt ihre Kopfhörer wieder auf. Während sie aus dem Fenster blickt, summt sie einen Song von Taylor Swift. Die würde ich gerne mal chauffieren. Mich würde interessieren, wie diese Stars so sind. Aber wahrscheinlich stellt man sich das spannender vor, als es in Wirklichkeit ist. In meiner Wirklichkeit biege ich in die bekannte Straße ein und sichere mir einen Parkplatz direkt vor der Haustür. Das hat man nicht immer. Sei mit dem zufrieden, was du erreichen kannst. Ja, Dad, du hast recht. Mein Fahrgast öffnet die Tür und steigt aus. Gerade, als ich den Sandwich-Rest in meiner Brotzeitbox verstauen will, geht noch einmal die Tür auf, und ich werde angelächelt.

»Danke, Paps!«, kommt es sanft.

Heute ist ein guter Tag.

# VIEL HILFT VIEL

Ich stand in der Umkleidekabine eines Münchner Fitnessstudios, nachdem ich meinen Körper für die kommende Bikini-Saison gestählt hatte. Um mich herum war einiges los, was dazu führte, dass man den anderen Männern recht nahe kam. Das ist hilfreich, wenn man versuchen will, die sehr verbreiteten, auf Rücken, Oberarm oder Nacken tätowierten Sprüche zu entziffern. Mir ist aber aufgefallen, dass es die Menschen nicht mögen, wenn man sagt, sie sollen kurz stillhalten, damit man den Spruch fertig lesen kann. Aber das ist nicht so schlimm – was echt hart ist, sind die Düfte. Und ich meine hier nicht Körpergerüche, nein, damit kann ich umgehen. Ich meine den übereifrigen Einsatz von Sprüh-Deos oder Parfüm. Vanille-Geschmack scheint äußerst beliebt zu sein. Als sich letzte Woche ein Mann neben mir dermaßen einnebelte, dass der Sauerstoff kurz knapp wurde und ich eine Erblindung befürchtete, sagte ich: »Oha, Hombre, was haust du dir denn für einen Nuttendiesel drauf?« Der Mann schaute mich grimmig an. Da mir trotz der Germanische-Runen-Tätowierung auf der Brust sein Herkunftsland nicht ganz klar war, versuchte ich eine pantomimische Erklärung. Er neigte leicht den Kopf, anscheinend dachte er nach. Dann hielt er mir sein Deodorant entgegen und sagte: »Nimm, ist gut.« Ich zögerte. Seine Augen verengten sich. Das war einer der Momente, in denen ein gewisses Maß an Feigheit durchaus angebracht war. Ich griff zu und sagte, »Danke«. Er antwortete mit einem mächtigen Nicken. Ich drückte den Knopf und ließ einen Hauch Deodorant unter meine Achseln fliegen. »Mehr«, sagte der Mann mit den Oberarmen, die auch als Oberschenkel durchgegangen wären. »Wie bitte?« »Nimm mehr, ist gut!« Sein Zeigefinger ließ keine Zweifel aufkommen. »Ah, klar, ist ja auch super Zeug.« Ich verzichtete darauf, über mögliche Langzeitschäden nachzudenken, und nebelte mich ein. Ein Lächeln huschte über sein Gesicht. Bei mir setzte ein leichter Schwindel ein. Ich gab das Spray zurück und versuchte auch zu lächeln. Dann fragte mich der Mann: »Was nimmst du so?« Ich verstand nicht. Daraufhin erzählte er mir, dass er unter anderem Aminosäuren, Eiweißprodukte und diverse Protein-Riegel in regelmäßigen Abständen zu sich nahm. Wie aus dem Nichts hatte er auf einmal eine sehr große Plastikflasche mit einer milchig-gelben Flüssigkeit in der Hand. Mir schwante nichts Gutes. Er hielt mir die Gallone entgegen und sagte wieder: »Nimm«. Mir wurde wieder etwas schummrig und ich winkte dankend ab. Doch das ließ der Mann nicht gelten: »Nimm, ist selbst gemacht!« Es half nichts. Ich griff zu. Außerdem hatte ich ein schönes, erfülltes Leben, die Kinder waren aus dem Gröbsten raus und meine Frau konnte auf sich selbst aufpassen. Ich trank. Ich schluckte. Ich staunte. Es schmeckte ausgesprochen gut. Als ich instinktiv noch einmal ansetzen wollte, um mir einen weiteren Schluck zu gönnen, nahm mir der muskulöse Herr die Flasche aus der Hand und sagte: »Genug.« Dann verschwand er in den Trainingsbereich. Ich versuchte, die Geschmäcker einzuordnen, die sich in meinem Mund breitgemacht hatten. Da war Ananas, Kokosnuss, noch etwas Herbes ... Piña Colada. Ja, es schmeckte eindeutig nach Piña Colada. Ich konnte zwar nicht genau sagen, ob Alkohol mit im Spiel war, trotzdem hatte ich das Gefühl, einen Longdrink geschlürft zu haben. Mein Körper schien das Fitnessgetränk auch sehr gut zu vertragen. Nichts rumorte oder gluckerte, ich fühlte mich erfrischt. Nachdem ich im Spiegel kontrolliert hatte, ob meine Muskeln schon größer geworden waren, und selbstverständlich enttäuscht wurde, zog ich mich fertig an und verließ die Umkleidekabine. Beim Hinausgehen kam ich am Kurzhantel-Bereich vorbei. Ich griff mir unauffällig eine Hantel und hatte das Gefühl, dass sie etwas leichter war als noch vor einer Stunde. Natürlich konnte dieser Eindruck täuschen, dennoch sollte ich die Sache mit den Nahrungsergänzungsmitteln vielleicht noch einmal überdenken. Man ist ja nicht mehr der Jüngste, da ist jede Hilfestellung erlaubt. Im Laufe des Tages verflog der Gedanke an mögliche Dopingmittel sehr schnell. Der Alltag hatte mich fest im Griff. Am Abend erzählte ich meiner Frau von der morgendlichen Begegnung. Wir amüsierten uns darüber und beschlossen, morgen Abend in eine Bar zu gehen. Als ich mich nach einer geruhsamen Nacht am nächsten Morgen im Spiegel anschaute, traute ich meinen Augen nicht. Meine Muskeln hatten zwar immer noch nicht an Volumen gewonnen, dafür hatte ich Haare an Stellen, an denen gestern mit Sicherheit noch keine waren. Es handelte sich zwar nur um einen ganz leichten Flaum, aber meiner Glatze schien neues Leben eingehaucht worden zu sein. Da meine Frau Ärztin ist, wusste ich, dass bei manchen Arzneimitteln durchaus positive Nebenwirkungen auftreten, die mit dem ursprünglichen Einsatzgebiet überhaupt nichts, oder nur wenig, zu tun hatten. Vielleicht wirkte das Muskelaufbaupräparat des Herren in der Umkleidekabine bei mir anders als gedacht. Wenn das stimmen sollte, könnte der Mann in den nächsten Jahren Multimillionär werden. Ich musste ihm unbedingt von meinem Erfolgserlebnis erzählen. Nebenbei würde ich selbstverständlich um das Geheimrezept bitten, nicht um reich zu werden, nein, sondern um wieder mit wallender Mähne zu Hardrock-Klängen sinnlos headbangen zu können. Die Fahrt zum Fitnessstudio dauerte nur wenige Minuten. Der Mann war fast jeden Tag hier und trainierte, das wusste ich. Heute jedoch hatte ich kein Glück. Ich wartete. Auch nach mehreren Stunden war er nicht aufgetaucht. Enttäuscht machte ich mich auf den Heimweg. In der ganzen nächsten Woche legte ich mich auf die Lauer, leider ohne Erfolg. Er war wie vom Erdboden verschluckt. Die Trainer im Fitnessstudio waren mir auch keine Hilfe. Sie konnten mit meiner Beschreibung nichts anfangen. Langsam kamen mir Zweifel. Aber geträumt hatte ich das Ganze nicht, denn der Flaum auf meiner Glatze war eindeutig sichtbar. Sogar meine Frau stellte dies fest. Wobei ihre Reaktion jegliche Begeisterung vermissen ließ. Auch mein Enthusiasmus flaute schnell wieder ab. Nach einem kurzen Hoch, bei dem aus dem Flaum noch mehr Flaum wurde, verschwand dieser zügig wieder von meinem Kopf. Ich versuchte, mit etlichen Barbesuchen, bei denen meine Frau und ich diverse Piña Coladas zu uns nahmen, einen Behandlungserfolg zu erzielen, doch ich scheiterte. Immerhin wurden es ein paar sehr unterhaltsame und lustige Abende, an denen mir meine Frau gestand, dass sie große Sorge hatte, mich wirklich wieder mit Haaren zu bekommen. Nach der Beichte stieg ich von Piña Coladas wieder auf Helles um. Das schmeckte mir eh besser, führte sicher nicht zu Haarwachstum und war auch um einiges billiger. Den Mann habe ich im Fitnessstudio nie wieder gesehen. Vielleicht sitzt er in irgendeinem Labor und mischt gerade einen neuen Zaubertrank. Wir Glatzenträger können also noch auf ein Wunder hoffen, und meine Frau muss ein bisschen zittern.

# C'ERA UNA VOLTA IL SUD (ES WAR EINMAL IM SÜDEN)

Meine Gegner waren nicht drei Revolverhelden, sondern Hunderte von hungrigen Mücken, die gnadenlos ihre Stachel in meine Haut trieben. Die Sonne stand steil über dem Campingplatz. Es war windstill. Im Ohr hatte ich die Melodie von Ennio Morricone aus *Spiel mir das Lied vom Tod*. Der Daumen meiner rechten Hand blutete. Ich hatte vergeblich um ein Pflaster gebeten. Es gab Wichtigeres zu tun. Ich war allein. Meine Frau, die die Gesamtleitung innehatte, besprach sich gerade mit dem braun gebrannten Chef des Campingplatzes. Sie lachten. Und meine Kinder waren ausgeflogen, um zu überprüfen, ob sich die Adria noch an ihrem Platz befand. Nicht ohne von mir noch vorher zu verlangen, zwei Plastik-Schwimmtiere mit dem Mund aufzublasen. Ein führendes Familienmitglied hatte entschieden, den Blasebalg zu Hause zu lassen, um mehr Stauraum im Auto zu haben. Glücklicherweise kam es bei mir nicht zu einer Aneurysma-Blutung, und ich konnte meine eigentliche Aufgabe, den Nestbau, weiter verfolgen. Der Auftrag schien simpel: Aufbau zweier Zwei-Mann-Zelte. Leider hatten wir im Eifer des Gefechts nicht nur den Blasebalg, sondern auch den Campinghammer daheimgelassen, darum versuchte ich, mit einem Stein die Heringe in den Boden zu hauen. Natürlich hätte mir der Schwabe vom Nachbar-Stellplatz seinen High-Tech-Hammer leihen können, der wurde aber von seiner Frau zurückgepfiffen, da sie befürchtete, ich könnte ihn beschmutzen. Mangels Werkzeug blutete ich, und die Hälfte der Heringe lag unbrauchbar mit einem 90-Grad-

Knick neben dem Zelt. Sonnencreme hätte Wunder gewirkt, doch die war den Kindern vorbehalten. Mir wurde eine Kappe zugeworfen, das musste genügen. Die Mittagssonne brannte unerbittlich. Wieder hörte ich die Mundharmonika von Ennio Morricone. Ein paar Töne genügten, um einem den Angstschweiß ins Genick zu treiben. Das mitgebrachte Sprudelwasser hatte bereits Körpertemperatur angenommen und schmeckte erbärmlich. Bei mir setzte leichter Schwindel ein, dennoch wurde ich von meiner Frau angetrieben weiterzumachen. Im Gegenlicht sah sie aus wie Claudia Cardinale, nur war ihre Stimme nicht so sanft. Sie lächelte, anscheinend hatte sie ein nettes Gespräch mit dem jungen Italiener, doch ihre Ansagen kamen klar und bestimmt. Ich arbeitete weiter. Langsam nahm das Zelt die gewünschte Form an. Der Boden entpuppte sich als härter als gedacht. Carrara war zwar fast 500 Kilometer weiter westlich, dennoch hatte ich das Gefühl, auf Marmorplatten einzudreschen. So muss der Klang der Spitzhacken in den Minen des Wilden Westens zu Zeiten des Goldrausches geklungen haben. Endlich saß der letzte Hering. Stolz blickte ich auf mein Werk. Ich war zufrieden. Nicht perfekt, aber trotzdem eine ordentliche Behausung, die uns in der nächste Woche Schutz vor Sonne, Regen und Mücken bieten sollte. Meine Frau kam näher und musterte meinen Aufbau. Mit langsamen Schritten umrundete sie das Bauwerk. Ihrem Gesicht konnte man nicht ablesen, welches Urteil sie fällen würde. So musste es den Gladiatoren im Alten Rom ergangen sein, als sie damals in der Arena auf den Daumen des Cäsar warteten – Tod oder Leben. Meine Frau stemmte ihre Hände in die Hüften und sagte nur: »Es ist schief.« Ich versuchte, die leichte Neigung mit der Erdkrümmung zu erklären, was nicht von Erfolg gekrönt war. Bei dem Zelt der Kinder hatte ich mehr Glück. Hier bekam ich ein Nicken. Nicht viel, aber ich nahm es erleichtert an. Nach einer weiteren Stunde harter Arbeit wurde das Elternzelt von meiner Vorarbeiterin ein weiteres Mal abgenommen. Es war ein spannender Moment, den die Schwaben neben uns vor ihrem Einfamilienhaus auf Rädern, in

Luxus-Campingstühlen, eine eiskalte Cola-Light in der Hand, unter ihrem ausfahrbaren Vordach im Schatten sitzend, gebannt mitverfolgten. Meine Frau und ich standen uns gegenüber, zwischen uns das Zelt, in der Ferne erklang abermals die Mundharmonika aus dem Western von Sergio Leone. Dann hob sie langsam die Hand. Meine Finger umklammerten den Stein in meiner Rechten. Ihren Mund umspielte ein leichtes Lächeln. »Ja, ist ok«, sagte sie und ging. Die Schwaben klatschten. Ich überlegte, ob ich meinen Stein als Wurfgeschoss verwenden sollte, aber ein toter Schwabe macht Ärger. Ich ließ ihn auf den Boden fallen und winkte ihnen mit falscher Miene zu. Es würde sich in den nächsten Tagen bestimmt eine Möglichkeit ergeben, sich zu rächen. Ich holte mir aus dem Auto einen unserer Klappstühle aus dem Baumarkt und setzte mich unter eine der zahlreichen Pinien. Es kam etwas Wind auf. Das machte die Mückenplage erträglicher. Mit dem lauwarmen Mineralwasser in der Hand ließ ich noch einmal die letzten Stunden Revue passieren: Wir waren um kurz vor fünf in der Früh in München gestartet, da wir nicht wie die anderen Deppen im Stau vor dem Tauerntunnel stehen wollten. Natürlich standen wir mit den anderen Deppen auf der A10 hinter Salzburg vor dem Tauerntunnel, da sich ein slowenischer Lastwagen in die Leitplanke gebohrt hatte. Glücklicherweise erwies sich die österreichische Straßenwacht als äußerst geschickt und schnell. Deshalb ging es mit überschaubarer Verzögerung weiter. Da wir etwas länger brauchten als geplant, wurde die eiserne Regel »Die Brotzeit gibt's erst nach dem Tauerntunnel« gebrochen und der Semmelvorrat schon während der Warterei vor der Unfallstelle im Auto verteilt. Die Insassen verstummten für die nächsten fünf Minuten. Ein Stückerl Essiggurke auf der Salamisemmel hat eine beruhigende Kraft. Der Rest der Fahrt ging zu unserem Erstaunen ohne nennenswerte Schwierigkeiten vonstatten. Außer, dass ich mir bei der italienischen Maut-Station leicht die Schulter zerrte, als ich das Restgeld aus dem Automaten holen wollte. Ich hatte ein paar Zentimeter zu weit rechts gehalten, weshalb mir einige Millimeter

Reichweite fehlten. Außerdem wollte mich der Automat ärgern und gab das Restgeld in der kleinstmöglichen Stückelung zurück. Ein Zehn-Cent-Stück verabschiedete sich unter das Auto, und die letzten zwanzig Cent überließ ich schließlich fluchend dem nächsten Autofahrer mit längeren Armen. Am ersten Autogrill nach der Grenze wollten meine Frau und ich uns einen Kaffee kaufen, auf den wir uns schon die ganze Zeit gefreut hatten. Nur schienen wir mit dieser Idee nicht die Einzigen gewesen zu sein. Auf dem Parkplatz tummelte sich das halbe Bundesland Bayern. Die Landkreise Fürstenfeldbruck, Landsberg am Lech, Traunstein und Mühldorf waren stark vertreten, gleich gefolgt von München, Augsburg und natürlich halb Österreich. Nicht zu vergessen die holländische Armada, die aufgebrochen war, um Italien im Sturm zu erobern. Traurig und ohne Kaffee, fuhr ich zurück auf die Autobahn. Danach entbrannte ein Kampf um die richtige Musikauswahl, den, wie zu erwarten war, die Kinder gewannen. Ich hatte nichts gegen Pettersson und Findus und ihre Reisefieberlieder, aber beim dritten Durchlauf bekam ich einen leichten Katzenhass. Kurz vor dem vierten Mal täuschte ich eine Fehlfunktion des CD-Spielers vor, und wir mussten italienisches Radio hören. Auf RAI 1 wurde sehr viel geredet und wenig Musik gespielt. Trotzdem, immer noch besser als der Opa mit seiner Katze. Dann fuhren wir endlich auf dem Campingplatz in Grado ein. Schon beim Weg zu unserem Stellplatz schwante mir nichts Gutes, da neben mir ein Mann in Schutzanzug und Atemmaske einen weißen Nebel in die Sträucher blies, die den Campingplatz umgrenzten. Wie ich nun wusste, überstieg die Mückenpopulation auf der Halbinsel dieses Jahr alles je Dagewesene. Normalerweise krochen sie erst bei Sonnenuntergang aus ihren Verstecken und machten sich über die blassen Urlauber her. Doch in diesem Jahr schienen die Verstecke überfüllt zu sein, sodass sich die Biester bereits in der Mittagszeit nach einem kleinen Snack umsahen und ihn in mir fanden. Der leichte Wind machte es angenehmer. Ich winkte den Schwaben zu, die gerade ein Wiener Schnitzel aßen. Mutti kochte in ihrem riesigen, voll ausgestatteten Camping-Panzer gute deutsche Küche. Ich suchte meinen Stein. Bevor ich ihn finden konnte, kam meine Sippe vom Strand zurück. Mit großer Freude und mit viel Sand an den Füßen begutachteten sie ihr Zelt. Sie waren zufrieden – gute Kinder. Plötzlich spürte ich etwas Kaltes in meinem Nacken. Fühlt sich so ein Schlaganfall an? Nein, es war ein Bier, das mir meine Frau aus dem Kiosk vorne am Strand geholt hatte. Sie setzte sich zu mir, und wir tranken italienisches Dünnbier – wunderbar. Beim italienischen Nachbarn lief, ganz Klischee, Eros Ramazotti, und zu allem Überfluss klappte dann noch, wie von Geisterhand, das Vordach der Schwaben nach unten und begrub die zwei Rentner samt Schnitzel lautstark unter sich. Meine Frau schaute mich streng an, doch ich konnte es ja nicht gewesen sein, da ich direkt neben ihr saß. Sie traute mir nicht hundertprozentig, das sah ich an ihrem Augenaufschlag, aber sie konnte mir die Tat nicht nachweisen. Ich hatte ein einwandfreies Alibi. Ganz langsam lehnte sie sich zurück und schloss die Augen. Der Urlaub hatte begonnen. Ich gab meinen Kindern ein Zeichen, dass die Luft rein war, und sie schlichen vorsichtig von der Rückseite des Camping-Panzers in die benachbarten Büsche. Leider trugen sie von dieser Guerilla-Aktion etliche Mückenstiche davon, die aber nach einem Eis und der zweiten Cola nicht mehr ganz so schlimm juckten.

## WELTTOURNEE

Als ich die Tür zur Umkleidekabine im Untergeschoss der Kreissportturnhalle öffnete, strömte mir ein bekannter Geruch entgegen. Ich war darauf vorbereitet. Nach gut zwei Jahrzehnten auf Tour entwickelt man ein gewisses Gefühl für die Eigenheiten von Spielstätten. Hier auf dem bayrischen Land konnte ich sicher sein, in meiner Garderobe eine Mischung aus Schweiß, alten Socken und Wurstgeruch anzutreffen. Es war nämlich Freitag, und der Veranstalter die Stadtverwaltung. Das hatte zur Folge, dass eine Mitarbeiterin oder ein Mitarbeiter der Gemeinde den Auftrag bekommen hatte, dem Herrn Zinner doch bittschön eine kleine Brotzeit vom örtlichen Metzger zu organisieren. Da aber der oder die bereits das Wochenende im Blick hatte, wurde die Jause schon ziemlich früh am Tag gekauft und dann im Untergeschoss der Turnhalle platziert, damit man auch pünktlich in den Feierabend gehen konnte. Da im Februar die Garderobe dankenswerterweise geheizt wurde, erwärmte sich bedauerlicherweise die Brotzeit im Laufe des Tages, was dazu führte, dass sie schwitzte und sich Kondenswassertröpfchen an der Frischhaltefolie bildeten. Diese tropften dann beständig auf den darunter befindlichen Leberkäse, Schinken oder die Salami. Käse war auf dem bayrischen Land immer noch eher selten auf einem Brotzeitbrettl zu finden – nur Schwächlinge und Grüne aßen Käse. Die Schlichtheit des Raumes störte mich nicht im Geringsten, da sie mich an meine Fußballerzeit erinnerte. Ich hängte meine Bühnenklamotten an einen der zahlreichen Haken, befreite das Brotzeitbrettl von seiner nässenden Ummantelung und wartete darauf, dass mein

Trainer durch die Tür kam, um mich mit einer Motivationsrede auf das nächste Spiel vorzubereiten. Der Trainer tauchte nicht auf, dafür der Hausmeister, der, klassisch in Birkenstock mit Socken, Jeans, kariertem Hemd und Arbeitskittel darüber, ohne zu klopfen in die Umkleide rumpelte.

»Brauchst du wirklich drei Stühle auf der Bühne?« Sein Ton hätte auf eine weltweite Katastrophe schließen lassen können.

»Ja, drei brauche ich bitte, genau so, wie es in der Bühnenanweisung steht«, war meine Antwort. Dann fügte ich noch an: »Und, Grüß Gott erst einmal.«

»Was? Ja, griaß di. Ich hab aber nur zwei!« Seine Ansprache blieb dramatisch.

»Wie bitte?«

»Ich habe nur zwei Stühle.« Er verdeutlichte seine Aussage, indem er mit dem Zeigefinger eine Zwei mit Punkt in die Luft malte.

»Aber der ganze Saal ist voller Stühle, dann nehme ich mir halt einfach einen von denen, weil…«

Er unterbrach mich: »Das geht auf gar keinen Fall, die sind abgezählt!« Sein ganzer Körper bebte. Er wischte sich den Schweiß von seinem rötlichen Gesicht.

»Ich glaube, es fällt nicht auf, wenn wir einen Stuhl von den vierhundert entfernen.«

»Ha, das sagst du, aber du kennst die Gröbner nicht!«

Ich kannte die Gröbner wirklich nicht, hatte jedoch eine leise Vermutung, was für eine Funktion die Frau Gröbner hier in der Stadt bekleidete.

Ich startete noch einen Versuch: »Wenn ich gleich oben beim Soundcheck bin, hole ich mir einfach einen Stuhl aus der letzten Reihe. Das passt dann schon.«

»Puhh, aber auf deine Verantwortung. Ich nehme das nicht auf meine Kappe.« Wieder wischte er sich den Schweiß von der Stirn.

»Alles klar. Wenn's Ärger gibt, übernehme ich die Verantwortung.«

»Na gut, aber das ist eine Ausnahme, Ausnahme, verstehst?« Sichtlich unzufrieden verließ mich der Hausmeister, nicht ohne auf dem Gang gut hörbar das Wort »Künstler« fallen zu lassen.

Ich schaute auf die Uhr in der Umkleidekabine und stellte fest, dass es Zeit für den Soundcheck war. Ich ging nach oben auf die Bühne. Das war einfach, da mir alle zwei Meter ein Schild mit dem Wort »BÜHNE« den Weg zu meinem Auftritt wies. Man hielt die »Künstler« anscheinend für nicht so clever, die Treppen ein Stockwerk nach oben ohne Hilfestellung zu meistern. Sicher auf der Bühne angekommen, blickte ich in ein Bauarbeiterdekolletee. Vor mir auf dem Boden kniete der Tontechniker. Leise fluchend kämpfte er mit den Kabeln.

»Servus, ich bin der Zinner«, stellte ich mich vor.

»Hab's glei«, bekam ich zur Antwort, ohne dass sich der Mann zu mir umdrehte.

Ich wartete geduldig, bis er mir die Ehre gab. Er trug ein altes Led-Zeppelin-T-Shirt, auf dem ich die Auftrittsorte der Tour von 1979 studierte. Schließlich drehte er sich um und kam nach oben. Ich verkniff mir gerade noch so das Lachen, was nicht leicht war, da ich direkt in das Gesicht von Robert Plant schaute: blond-graue schulterlange Haare, Bart rund um den Mund und Ohrring. Er stellte sich mir vor:

»Habe die Ehre. Ich bin der Blacky.« Seine Stimme klang nach Marlboro und Bier. »Eigentlich heiß ich Schwarz, aber alle sagen Blacky zu mir, verstehst?«

Ich nickte brav.

»Ich hab dir schon alles vorbereitet. Ich spiel ja selber in einer Rock-Band, da weiß ich eh, was du so brauchst.«

Ich war gespannt, da ich diese Aussage schon öfters gehört hatte. Leider traf sie selten zu.

»Wegen dem Licht. Da musst du das vom Bauerntheater nehmen, weil ich da auf keinen Fall raufsteige, nur dass du das weißt. Stell dich einfach dahin, wo es hell ist!«

Ich blickte nach oben und sah ein buntes Gemisch aus verschiedensten Scheinwerfern. Da mein Konzert heute aber eher eine Sitzveranstaltung war, würde ich mir einen Platz suchen, der nicht im Schatten lag und der nicht mit grünen oder blauen Scheinwerfern ausgeleuchtet wurde.

»Passt, oder?« Das war eigentlich keine Frage. Damit verließ mich Blacky und machte sich auf den Weg zu seinem Mischpult. Beim ersten Anspielversuch mit meiner Westerngitarre kam es zu einem wilden Feedback im Raum, weshalb ich vom Fachmann eine Ermahnung bekam: »Du musst deinen Lautstärkeregler nicht so weit aufreißen, dann is es ja klar, dass wir hier eine fette Rückkopplung kriegen!« Er schüttelte den Kopf und hustete eine halbe Zigarette aus seinen Bronchien.

Ich antwortete: »Meine Gitarre ist nur auf Stufe 2.« Ich hatte noch 6 lautere.

»Das kann nicht sein!«, schrie mir Blacky entgegen. »Ich kenn meine Anlage, das liegt an deiner Gitarre!«

»Vielleicht, wenn du die Monitore auf der Bühne ein bissl leiser drehst, gibt's keine Rückkopplung.«

»Die sind überhaupt nicht an!« Immer noch schrie mein Mann hinter dem Mischpult.

»Doch, die sind an.« Ich blieb locker, da ich diese Situation schon einige Male erlebt hatte.

»Nein, sind sie nicht!«

»Wie wäre es, wenn du raufkommst und es dir selber anhörst?« Ich winkte ihn auf die Bühne.

Laut grummelnd, fluchend und hustend verabschiedete sich Blacky von seinem sicheren Platz hinter dem Mischpult. Er kam neben mich auf die Bühne, nicht ohne mich abschätzig anzufunkeln.

»Spiel!«, war sein Befehl.

Ganz sanft zupfte ich an einer Saite. Sagenhaft verstärkt wummerte die A-Saite aus den Monitorboxen, die auf der Bühne dem Sänger im Normalfall ein bisschen Unterstützung geben sollten, seinen Gesang und sein Instrument zu hören. In diesem Fall donnerte es aus den Boxen, als müsste man das ganze Münchner Olympiastadion beschallen.

Blacky schwieg. Ich schwieg sicherheitshalber auch. Dann sagte er sehr leise: »Stimmt, die Boxen sind an.«

»Und wie«, konnte ich mir nicht verkneifen.

»Ja, da muss wer was umgesteckt haben.« Er versuchte es mit einer billigen Verteidigung.

Mit der Situation vertraut, nickte ich nur. Jeglicher ironischer Kommentar von meiner Seite wäre jetzt absolut kontraproduktiv gewesen. Die nächsten zehn Minuten vergingen damit, dass Blacky seine Kabel neu sortierte, nicht ohne im Minutentakt darauf zu verweisen, dass da irgendjemand sein todsicheres System sabotiert hatte. Schließlich hatte er den Schaden behoben und ging wieder hinter sein Mischpult. Der restliche Soundcheck verlief ohne große Zwischenfälle. Zweimal kam auch der jedem Bühnenkünstler bekannte Satz: »Wenn die Zuschauer drin sind, klingt es halt noch mal ganz anders, gell…«

»Ja, sicher«, antwortete ich, mir gewiss, dass der Abend tontechnisch sehr spannend werden könnte.

Ich verließ die Bühne und lief, im wahrsten Sinne des Wortes, »Der Gröbner« in die Arme. Eine resolut wirkende Frau Ende vierzig, mit einem Funkgerät in der einen und einem Saal-Plan in der anderen Hand. Sie begrüßte mich mit: »Wie lang dauert die erste Hälfte?«

»Grüß Gott«, war meine Antwort.

»Ja, genau, Grüß Gott. Wie lang?« Sie tippte mit dem Funkgerät auf ihre Armbanduhr.

»So circa fünfzig Minuten.« Ich blieb sachlich.

»Aha, gut. Das muss dann aber auch so sein, weil die Gastro sich natürlich auf die Pause vorbereiten muss.« Ihre Augen funkelten.

»Ach, gibt es etwas Warmes zu essen in der Pause?«, fragte ich erstaunt.

»Nein, sind Sie verrückt?«

»Warum ist dann die Vorbereitungszeit so extrem wichtig?«

»Entschuldigen Sie, Herr Zinner, aber wir machen das hier schon ein paar Jahre, und ich kenne das. Da wird dann ewig überzogen und uns wird draußen der Spritz schal!«

»Oha, das geht natürlich nicht«, versuchte ich so ernst wie möglich zu sagen, was mir aber anscheinend nicht gelang.

»Na, na, machen Sie sich nicht lustig. Bei uns wird sehr gern Spritz getrunken. Und die Leute wollen, dass es prickelt.«

Ich nickte. Viele Fehltritte konnte ich mir hier nicht erlauben, das war klar.

»Beginn ist um acht Uhr, oder?« Ich versuchte es mit einer unverfänglichen Frage.

»Na, schauen wir mal, ich komme dann zu Ihnen und hole Sie. Und bevor Sie auf die Bühne gehen, begrüßt unser Herr Bürgermeister noch kurz die Gäste.«

»Ah, das ist aber schön.« Mir schwante nichts Gutes.

»Pause machen wir immer so eine gute halbe Stunde«, sprach Frau Gröbner und rückte sich dabei ihre Brille zurecht.

»Oha, das ist aber lang, können wir das auf zwanzig Minuten beschränken, sonst ist ja die ganze Stimmung beim Teufel…«

»Nein, können wir nicht. Wir wollen ja schließlich ein bissl was verkaufen.«

Ich wollte gerade Einspruch einlegen, als das Funkgerät krachte und eine unverständliche Stimme erklang.

»Ich muss jetzt zum Einlass, die rennen uns die Bude ein, da braucht es eine ordnende Hand. Bis später. Ich hole Sie.«

Ich überlegte zu salutieren, aber Frau Gröbner war bereits verschwunden.

Bei meiner Rückkehr in die Garderobe erwartete mich ein junger Mann, der mich kauend begrüßte. Er sprach in einem unglaublichen Tempo und stellte sich mir als der Vertreter der örtlichen Presse vor. »Nur ein paar Fragen zum Auftritt«, sagte er abschließend und verschluckte sich an einem Blattl Wurst. Die Brotzeitplatte wies einige

Lücken auf. Der Herr hatte die Ausstrahlung eines Staubsaugervertreters. Da ich bis zum Auftritt noch über eine Stunde Zeit hatte, willigte ich gerne ein, woraufhin er blitzschnell aus seiner Umhängetasche ein Aufnahmegerät zog. In den nächsten fünf Minuten stellte er mir allerdings keine Frage, sondern erklärte mir, warum er hier in diesem Nest gelandet sei. Es war eine erstaunliche Geschichte, von Liebe, Tod und Erbschaft. Er hätte drüber ein Buch schreiben sollen. Schließlich kam die erste Frage: »Wie heißt denn das Programm?« Ich musterte den jungen Mann. Sein Informationsstand war bedenklich. Das hätte mir natürlich die Möglichkeit gegeben, ihn böse anzulügen, aber ich entschied mich dagegen. »Mein Programm heißt: ›Der Teufel, das Mädchen, der Blues und ich‹.«

Er pfiff leicht durch die Zähne. »Das ist ja ein sehr langer Titel.«

»Richtig«, antwortete ich.

»Und, um was geht's?« Der Reporter hielt mir das Aufnahmegerät sehr nah an mein Gesicht. Man hatte das Gefühl, er wollte den Kronzeugen der Spiegel-Affäre interviewen, der ihn mit seinen Informationen den Weg zu einer großen Zeitung, raus aus der bayrischen Provinz, ebnen sollte. Ich sprach langsam, damit er ja nichts überhören konnte.

»Ich erzähle Geschichten und spiele ein paar Lieder.«

Er war sichtlich enttäuscht, dann schien ihm etwas einzufallen: »Und Sie machen so Imitationen?«

»Nein, das mache ich nicht.«

»Doch machen Sie, das weiß ich.« Er nickte mir aufmunternd zu.

»Ich habe keine Ahnung, wer Ihnen das erzählt hat, aber nein, ich mache keine Imitationen.« Schon ging er mir auf die Nerven.

»Doch, doch, Sie spielen verschiedene Politiker und haben dafür unterschiedliche Kostüme? Das ist doch so … oder nicht?« Sein Selbstvertrauen verschwand zusehends.

»Nein, das ist ein anderer Kollege.« Ich war gespannt auf seine Reaktion.

»Oh, schade.«

»Ja, sehr schade.«

»Aber … ich … ich …«, er stotterte »… auf diese Imitationen wollte ich meinen Bericht aufbauen.« Er kratzte sich am Kopf.

»Entschuldigung, aber damit kann ich leider nicht dienen.« Langsam tat er mir leid.

»Na gut, da kann man nichts machen. Was könnte ich Sie denn sonst noch so fragen?« Große Augen schauten mich an.

Das wäre eigentlich der Zeitpunkt gewesen, um ihn zu verabschieden, aber wie er so da saß, in seinem Stuhl, mit den hängenden Schultern und dem Aufnahmegerät, das meiner Meinung nach übrigens nicht angeschaltet war. Ich wollte ihm helfen. In den nächsten zehn Minuten erzählte ich ein paar Anekdoten von verschiedenen Auftritten und umschrieb grob mein aktuelles Programm, damit er ein bisschen Futter für seinen Artikel hatte. Die Hälfte des Gesprächs hatte er auch auf Band, da ihm nach ein paar Minuten aufgefallen war, dass sein Aufnahmegerät nicht lief, und er es umständlich unauffällig angeschaltet hatte. Mit einiger Mühe schaffte ich es dann, ihn aus der Garderobe zu komplimentieren. Vor seinem Verschwinden verkündete er mir noch, dass er am Anfang des Programms ein paar Fotos machen wollte. Ich war gespannt, denn manche Reporter verloren dabei jedes Maß und schossen so viele Bilder, als wollten sie einen kompletten Bildband füllen. Ich schloss die Tür. Das Konzert begann in einer Stunde. Kurz genoss ich die Ruhe, dann nervte es schon wieder, dieses Warten. Das ist der härteste Teil des Jobs. Doch ich war es gewohnt und hatte mir mit den Jahren ein paar Strategien zurechtgelegt, wie ich mit dieser Zeit umzugehen versuchte. Damit scheiterte ich jedoch regelmäßig, und es war mir einfach nur saulangweilig. Zum Glück ist auf eine Sache immer Verlass: Zeit vergeht – mal schneller, mal langsamer. Schließlich näherte sich der Uhrzeiger der Acht, und ich machte mich bereit. Gemütlich schlenderte ich auf die Bühne, da ich ja wusste, dass meine Vorband, der Herr Bürgermeister, noch seinen Auftritt hatte. Der Mann überraschte mich. Normalerweise entpuppten sich diese Ansprachen der lokalen Obrigkeit als Monologe in Dimensionen einer Shakespeare-Inszenierung, in denen allen möglichen Sponsoren, Landräten, Verstorbenen, Möbelhäusern, Autohäusern, Landfrauen und dem Faschingsverein gedankt wurde. Diesmal dauerte die Rede nur knappe zwei Minuten. Sie hatte Witz, endete mit einer Pointe, mein Name wurde richtig ausgesprochen und dann deutete der Bürgermeister auch noch auf die richtige Seite der Bühne. Ich würde den Mann sofort wählen. Lächelnd ging ich ins Scheinwerferlicht. Mit einem sicheren Händedruck verabschiedete sich der Mann und setzte sich in die erste Reihe neben seine Frau, die ihm zufrieden auf den Oberschenkel klopfte. Der Mann musste in die Landespolitik und den Söder von seinem Sockel holen. Ich überlegte, ob ich diese Einschätzung auch bei meinem Auftritt von mir geben sollte, entschied mich dann aber dagegen. Meine Show verlief anfangs ohne große Zwischenfälle. Gut, der Herr Reporter strauchelte bei seinen Fotografier-Versuchen zweimal und vernichtete dabei ein Blumenarrangement der örtlichen Landfrauen, aber ansonsten gab es keine nennenswerten Störungen. Das änderte sich, als nach circa zehn Minuten zwei prunkvoll hergerichtete Damen den Saal betraten und umständlich ihre Plätze einnahmen. Ihr Versuch, besonders unauffällig zu sein, scheiterte kläglich. Auf meine Frage, warum sie denn zu spät kämen, antworteten sie selbstbewusst. Es wäre eine Frechheit, wie sich die Parkplatzsituation rund um die Halle in den letzten Jahren verschlechtert hätte. Eine Sitznachbarin der zwei Frauen erklärte mir, dass der benachbarte Getränkemarktbesitzer seinen Parkplatz nach einem Streit mit der Gemeinde nicht mehr für die Zuschauer von Kulturveranstaltungen zur Verfügung stellen würde. Ein bestätigendes Raunen ging durch den Saal. Zügig schaltete sich der Bürgermeister ein. Natürlich würde er alles Menschenmögliche unternehmen, um diesem unhaltbaren Zustand ein Ende zu bereiten. Wieder raunte die Menge. Was in dieser Gegend als Zeichen der Zustimmung galt. Danach erhielt ich die Erlaubnis weiterzuspielen. Solche Zwischenfälle hätten mich vor einigen Jahren noch komplett aus dem Konzept gebracht, inzwischen konnte ich meistens gut damit umgehen. Und in diesem Fall verschaffte mir die Unterbrechung eine perfekte Überleitung zu meinem zweiten Song. Das klappte natürlich nicht immer, aber ab und zu hilft so ein Ereignis, dem Abend eine improvisatorische Wendung zu geben. Es entwickelte sich eine sehr schöne Vorstellung. Die Zuschauer waren konzentriert. Die Handys blieben stumm. Blacky entpuppte sich als wahrer Hexenmeister am Mischpult. Dann aber, kurz bevor ich die Leute mit einem weiteren Lied in die Pause verabschieden wollte, fiel das Bühnenlicht aus, was von Frau Gröbner, die neben der Bühne Posten bezogen hatte, mit einem »Das kommt gleich wieder, einfach weitermachen« kommentiert wurde. Blitzschnell sprintete sie zum Sicherungskasten. Mit ein paar Handgriffen, anscheinend trat das Problem nicht zum ersten Mal auf, beseitigte sie die Unfallursache und die Scheinwerfer erstrahlten wieder in aller Farbenpracht. Jetzt tauchte schnaufend der Hausmeister auf, der sichtlich erleichtert war, nicht handwerklich aktiv werden zu müssen. Frau Gröbner klopfte ihm beruhigend auf die Schulter und schickte ihn wieder in sein Kammerl. Danach gab sie mir einen Daumen nach oben. Langsam gefiel mir die Dame. Am Ende des ersten Teils spendeten die Zuschauer reichlich Applaus und ich ging zufrieden in den Keller zu meinen restlichen Schnittchen. Nach der tatsächlich halbstündigen Pause bekam mein Mischer, der Blacky, einen kreativen Schub. Weshalb er meiner Stimme beim ersten Song nach Wiederanfang einen Hall verpasste, so als würde der Papst im Petersdom sprechen. Aber irgendwie bekam das Lied dadurch eine neue Note, mit der ich gut leben konnte. Zum Glück entschied sich die Tonabteilung bei den folgenden Songs wieder für die alte Mischpult-Einstellung und ich klang nicht mehr ganz so kirchlich, was dem Inhalt des restlichen Programms sehr entgegenkam. Der Rest lief wie geschmiert: Zufriedenheit des Publikums, zwei Zugaben, keine Verletzten. Nach der Show überreichte mir Frau

Gröbner auf der Bühne, im Beisein vom Herrn Bürgermeister und seiner Frau, einen Sechser-Träger Bier der örtlichen Brauerei, der Hausmeister raunzte beim Abbau »Nicht schlecht« zu mir und mein Mann am Mischpult, der Blacky, sagte, während er rauchend auf die Bühne kam: »Des hätt ich gar ned denkt, aber ab und zu war's wirklich lustig« – ein Ritterschlag. Zufrieden verstaute ich meine Gitarren im Auto. Als ich gerade einsteigen wollte, kam eine ältere Dame um das Heck meines Wagens geschlichen und sprach mich an: »Mei, Herr Zinner, eins wollte ich Sie noch fragen.«

»Ja, gerne.« Ich war zwar müde und wollte los, aber man muss sich immer um seine treuen Fans kümmern, das gehört sich nun mal und ist Teil des Jobs.

Die Dame schaute mich mit großen Augen an. Sie war sichtlich aufgeregt.

»Könnten Sie mir ein Autogramm vom Hannes Ringlstetter besorgen? Ich gebe Ihnen auch ein adressiertes und frankiertes Kuvert mit.« Feierlich überreichte sie mir einen Umschlag.

Tja, die echten Fans waren ab und zu auch ziemlich untreue Tomaten, aber da ich mit dem Hannes in ein paar Tagen ein Konzert spielen würde, übernahm ich meinen Botenjob mit professionell gespielter Freude.

Die Dame war sichtlich gerührt und verabschiedete sich mit einem: »Bleibens g'sund und immer schön weiter üben.«

Auch diesen Tipp nahm ich mit Größe und stieg geschafft in mein Auto. Nach der eineinhalbstündigen Fahrt schlich ich, sicher zu Hause angekommen, in die Wohnung. Erstaunt stellte ich fest, dass bei uns noch reges Treiben herrschte. Unsere jüngere Tochter grüßte durch die geschlossene Badezimmertür und teilte mir ungefragt mit, sie würde noch eine halbe Stunde brauchen, weil sie heute »Hairday« hatte. Lotte kam gerade von einer Freundin und schlüpfte, mit einem kleinen Mitternachtssnack, schnell in ihr Zimmer. Und meine Frau saß auf dem Wohnzimmerboden, wo sie Geschenke für den Geburtstag einer Freundin einpackte. Ich war glücklich. Aus der Küche holte ich mir mein Bier und setzte mich auf die Couch. Meine Frage, ob ich beim Einpacken helfen sollte, wurde dankend abgelehnt. Nach erstaunlich genau dreißig Minuten tauchte Emma im Wohnzimmer auf und erteilte mir die Badezimmer-Freigabe. Sie fragte mich noch, wie es denn so lief im Rockstar-Geschäft. Worauf ich ehrlich antwortete: »Großartig.«